Este libro está lleno de impresio... ... poderoso. Está basado en princip... ... campo de acción. Bien merece la p...

— C. PETER WAGNER

APÓSTOL PRESIDENTE, INTERNATIONAL COALITION OF APOSTLES
(COALICIÓN INTERNACIONAL DE APÓSTOLES O ICA, POR SUS SIGLAS EN INGLÉS)

En *Gobernar en las puertas,* Joseph Mattera nos presenta un desafío al enfoque egocéntrico de muchos de los ministerios e iglesias de hoy en día. Este libro es un llamado a la Iglesia a comprender su propósito en la tierra y a involucrarse a fondo en la sociedad para cumplir su misión bíblica. Después de años de experiencia e investigación, Mattera ha encontrado la llave para abrir paradigmas sellados y desinformados con respecto al papel de la Iglesia en la Tierra de hoy.

—APÓSTOL JOHN P. KELLY
PRESIDENTE Y FUNDADOR,
LEADERSHIP EDUCATION FOR APOSTOLIC DEVELOPMENT
(EDUCACIÓN DE LÍDERES PARA EL
DESARROLLO APOSTÓLICO O LEAD, POR SUS SIGLAS EN INGLÉS)
APÓSTOL EMBAJADOR, ICA

Joseph Mattera es una de las voces emergentes que está llamando a la Iglesia hacia la relevancia, los estándares bíblicos y el liderazgo en la sociedad. Con el corazón y el sentido común de un pastor de una iglesia local, pero con la amplitud y la visión de un líder para toda una ciudad, Joe nos anima en este libro vital a dejar que nuestro caminar con Cristo se mueva fuera de las paredes de la iglesia, para así impactar con efectividad a nuestro mundo. ¡Leer este libro es peligroso para la apatía!

—REV. ROBERT STEARNS
DIRECTOR EJECUTIVO, EAGLES' WINGS
(ALAS DE ÁGUILA)
NUEVA YORK, NY

Nuevas voces están pidiendo una nueva Reforma. Primeramente en la Iglesia y luego en la sociedad. En esta ocasión no están hablando el latín de las universidades y los monasterios europeos, sino el dialecto del Tercer Mundo urbano. Y ahí es donde el Espíritu de Dios más se está moviendo y donde la Iglesia no solamente está creciendo, sino que también está batallando por el señorío de Cristo. Joseph Mattera, un ungido líder de la iglesia urbana en Brooklyn, levanta su voz con apremio. Golpea los mitos y las debilidades de la Iglesia, clamando con santa impaciencia para que venga el reino de Dios y se cumpla su voluntad aquí en la tierra. Este libro te va a hacer sentir incómodo. Resiste al impulso de descartarlo, desmenuzando la teología o excusando tu complacencia detrás de "una esperanza santa". Vete acostumbrando al nuevo ritmo urbano de los militantes de la iglesia, y si puedes, ponte en línea con nuestros hermanos multiétnicos. Ellos son los que están guiando el camino hacia nuestro Rey venidero.

—José L. González
Presidente, Semilla
Instructor adjunto, Regent University

En *Gobernar en las puertas*, Joseph Mattera nos transmite apasionadamente la preocupación de Dios para que su iglesia sea culturalmente consciente, socialmente relevante y que tenga una mente del reino. Siendo un hábil abogado de las verdades bíblicas, presenta y defiende el caso de una unidad entre el clero de toda una ciudad, mientras expone la debilidad inherente de un individualismo áspero. El lector podrá extraer fuerza y claridad de cómo integrarse con otros creyentes para manifestar el evangelio del reino de Dios.

—David D. Ireland, Ph.D.
Pastor principal, iglesia Christ Church,
Montclair, NJ

"Mas buscad primeramente el reino de Dios y su justicia, y todas estas cosas os serán añadidas" (Mateo 6:33). Sin embargo, muchas veces nos paramos en cómo buscar y estamos enfocados en ganar la batalla en la puerta de influencia más cercana. Joseph Mattera se apodera de la misión y el propósito de Jesús en *Gobernar en las puertas*. Por medio de este libro también transmite esa unción "christós" de Jesús al liderazgo de la Iglesia del Señor de hoy en día. Dios está estableciendo un liderazgo apostólico-profético para la futura cosecha de la Iglesia. Este libro libera "fuerzas para hacer cambiar la batalla en tu puerta".

—Dr. Chuck D. Pierce
Vicepresidente, Global Harvest Ministries
(Ministerio Cosecha Global)
Presidente, Glory of Zion International Ministries, Inc.
(Ministerios Internacionales de la Gloria de Sion, Inc.)

Es cierto que la revelación lleva a la revolución. La manera en que vemos las cosas dirige nuestras acciones. En *Gobernar en las puertas* el Dr. Joseph Mattera hace exactamente esto, está poniendo sus manos alrededor de nuestros rostros y girando nuestras cabezas para que comprendamos nuestra comunidad y nuestro llamado desde un punto de vista bíblico. Este libro no ha sido escrito para informar, ha sido escrito para ¡incitar a una revolución! Dr. Mattera es un hombre peligroso con una palabra reveladora. No vas a citar de este libro, después de leerlo tu estilo de vida se convertirá en una cita personificada, porque serás tú.

—Dr. Samuel R. Chand, D.D.
Presidente, Beulah Heights Bible College
(Instituto Bíblico Beulah Heights)
Atlanta, GA

Joe Mattera ha escrito un análisis profundo de la relación entre el reino de Dios, la Iglesia, la relación entre ellos y la sociedad. Está lleno de perspicacia, observaciones prácticas y del tipo de análisis bíblico que conmoverá lo que apasiona al hombre. Ciertamente es vanguardista, sin embargo, busca en la historia de la Iglesia la precedencia teológica. No es simplemente otro libro cristiano para "sentirse bien". Sus implicaciones sólo pueden ayudar a los lectores serios a entrar en el tipo de crisis a través de la cual las personas y las naciones cambian.

—Dennis Peacocke
Presidente y fundador, Strategic Christian Services
(Servicios Cristianos Estratégicos)
Santa Rosa, CA
Santa Rose, California

El pastor Joe Mattera aborda un asunto tremendamente importante para la Iglesia del siglo veintiuno: entender el dominio del reino de Dios en todas sus dimensiones por medio de la Iglesia. Tiene un conocimiento importante de la visión de Dios para una Iglesia unida que transforme ciudades en todos los ámbitos.

—Dr. McKenzie (Mac) Pier
Presidente, Concerts of Prayer (Conciertos de Oración),
Zona metropolitana de Nueva York

¡El Dr. Joseph Mattera se "sobresalió a sí mismo"! Este es un libro magnífico que no solamente inspirará, sino que llenará a los creyentes con revelaciones prácticas que les capacitarán para cumplir con efectividad sus funciones en la sociedad.

—Lenny Weston
Vision Ministries Internacional (Ministerios Visión Internacional)

Joe Mattera habla de manera profética a un mundo religioso que se tambalea entre teologías utópicas e ideologías decepcionantes que llevan un mensaje de esperanza y triunfo. Prepárate para ser desafiado. Este libro llama a los cristianos a asumir su papel bíblico de entrenar y capacitar a la Iglesia a cambiar las naciones en todas las áreas de la sociedad.

—Bob Phillips
Pastor principal, Encourager Church
Houston, TX

Gobernar en las puertas es un libro excepcional y reflexionado a fondo con persuasiones irresistibles para que la Iglesia de la ciudad se levante y sea victoriosa en estos tiempos cruciales. Recomiendo mucho este libro a cualquiera que quiera seriamente formar parte del cristianismo de vanguardia en este tercer milenio.

—Pastor Jeff Beacham
Firepower Ministries International

Joseph Mattera no es un filósofo de butaca. Considerar las Escrituras, los conceptos y la revelación que él nos presenta, es entender el corazón de un hombre en las trincheras urbanas. No ha permitido que el tiempo o las batallas debiliten su visión, ni tampoco ha cedido ante el negativismo y la duda con la que muchos que ven la ciudad. Más bien está lleno de fe y visión, convencido de que "los reinos de este mundo se están convirtiendo en los reinos de nuestro Dios y de su Iglesia". Dado que la revelación es progresiva, estas verdades fundamentales se manifestarán dentro de poco, trayéndole gloria a Él en la Iglesia ahora y para siempre.

—Rev. Robert Johansson
Pastor, Evangel Church
Queens, NY

En pocas ocasiones me he cruzado con tanta pasión por la Iglesia y la ciudad, como la que domina este libro desde la frase inicial hasta el último párrafo. ¡Debe ser una lectura obligatoria para todos los pastores y líderes laicos de la Iglesia!

—Friedhelm K. Radant
Presidente emérito, The King's College

GOBERNAR
EN LAS
PUERTAS

Cómo preparar a la Iglesia para
transformar las ciudades

JOSEPH MATTERA

PUBLICACIONES
CASA

Gobernar en las puertas por Joseph Mattera
Publicado por Publicaciones Casa
Una compañía de Charisma Media
600 Rinehart Road
Lake Mary, Florida 32746
www.casacreacion.com

A menos que se indique lo contrario, el texto bíblico ha sido tomado de la Nueva Versión Internacional, primera revisión 2005 © Sociedad Bíblica de España. Usado con permiso.

Traductor: Hugo Vergara
Diseño de la portada: Karen Gonzalves
Director de diseño: Bill Johnson

Originally published in the U.S.A. under the title:
Ruling in the Gates
Published by Creation House, a Charisma Media Company,
Lake Mary, FL 32746 USA
Copyright © 2003 Joseph Mattera

Library of Congress Control Number: 2013957445
ISBN: 978-1-62136-900-4

Nota de la editorial: Aunque el autor hizo todo lo posible por proveer teléfonos y páginas de internet correctas al momento de la publicación de este libro, ni la editorial ni el autor se responsabilizan por errores o cambios que puedan surgir luego de haberse publicado.

Impreso en los Estados Unidos de América
14 15 16 17 18 * 5 4 3 2 1

Dedico este libro al señorío de Jesucristo sobre toda la creación, y a los reformadores pasados, presentes y futuros que le están acompañando para hacer que esto sea una realidad.

CONTENIDO

PRÓLOGO

Los vientos del cambio están soplando con fuerza en la Iglesia de hoy. Después de haber caminado con Cristo durante más de 30 años, puedo decir que este viento nos está devolviendo a nuestro rumbo.

Hace algunos años, Dios me dio una palabra de que la Iglesia había perdido el rumbo y que era hora de hacer una importante corrección de rumbo. He pasado la mayor parte de mi vida cerca del agua. Desde el *surfing* hasta la pesca, me encanta estar sobre el agua o en el agua, sobre todo en el océano. Siendo un ávido hombre de mar he estudiado el arte de navegación. Cuando zarpas, por ejemplo, a cruzar el océano, hay muchos elementos con los que enfrentarte para llegar a tu destino predeterminado. El mismo barco, el viento, las corrientes, las olas y el tiempo—especialmente las tormentas—elementos con los que hay que lidiar a fin de mantener el rumbo. Pero la Iglesia ha tratado de evitar las tormentas, sólo para ser arrastrada por las corrientes (tradiciones y modas pasajeras) para buscar una navegación más fácil a precio de perder el rumbo.

Existe una impresionante emergencia de que la Iglesia apostólica y cristocéntrica viva la comisión de Cristo mediante manifestaciones apasionadas de la realidad del Nuevo Testamento del primer siglo ahora en el siglo 21. Las palabras y las acciones de la *nueva* Iglesia están llenas de vida y cambio. La idea de una Iglesia trabajando unida en una ciudad, como también la idea de esta misma Iglesia moviéndose en cada uno de los escenarios de la sociedad supone el mayor cambio de rumbo que vendrá a la Iglesia en América en los últimos cien años. La Iglesia del siglo veintiuno tiene la oportunidad de ocasionar la mayor reforma que jamás ha sido presenciada.

El libro que estás a punto de leer es una clara muestra de este nuevo mover. Este cambio de rumbo divino ya está en marcha. El Dr. Mattera, al que conozco desde hace diez años, se ha puesto al timón para traer un giro—un modelo—para que todos nosotros lo usemos y así provocar el plan de Dios para este próximo gran cambio de rumbo. No creo que vaya a ser fácil. Girar un barco hacia la tormenta es donde todas las corrientes (modas, tradiciones), las olas (de doctrinas humanas) y los vientos (adversidad, resistencia) van a poner a prueba hasta el más sólido de los barcos.

He estado en mar abierto cuando vienen las tormentas, y el mejor lugar es meterse directamente en la tormenta y mantener el rumbo. Porque cuando la tormenta se disipe, y así será, tu ciudad estará exactamente en su rumbo para el mayor derramamiento de Dios que jamás hemos visto.

Si estás cansado de ir sin rumbo fijo en agua pasiva, calma y segura, alejándote más y más del destino de Dios para ti y tu ciudad, entonces *Gobernar en las puertas* es la carta de navegación adecuada para trazar un nuevo y fresco rumbo hacia el reino de Dios establecido en tu ciudad. ¡Tensa tus velas y comienza a cambiar tu rumbo!

—OBISPO BART PIERCE
UN COMPAÑERO "TOMA CIUDADES"

EL EVANGELIO DEL REINO

Escribo este libro desde mi comprensión del ministerio apostólico* y el evangelio del reino. El mensaje de mi vida es el señorío de Jesucristo. En 1991 comencé a tener reuniones de oración en toda la ciudad llamadas "All-City Prayer" que tuvieron como unas sesenta iglesias y más de dos mil personas orando por un avivamiento. A raíz de estas reuniones he visto desarrollarse relaciones de pacto entre pastores y líderes espirituales en nuestra ciudad que han llevado a lo siguiente:

- Encuentros mensuales de oración para ministros
- Grupo de apoyo de pastores
- Comunión de esposas de pastores
- Estrategias de desarrollo de la comunidad
- Estrategias de evangelismo
- Comisión urbana (equipos de misión a corto plazo en Nueva York)
- Cultos de comunión unidos (uniendo pastores a través de límites raciales y denominacionales, con el propósito de tomar la Santa Cena)
- El movimiento de Los Faros de Oración
- Operación Unidad (padres apostólicos de cada municipio de Nueva York uniéndose para alcanzar nuestra ciudad)
- Intercesores de la ciudad de Nueva York (intercesores liberados por sus pastores para juntarse como un cuerpo y cubrir nuestra ciudad en intercesión)
- Coalición de Pacto de Ciudad (una red apostólica urbana con base en la región de la ciudad de Nueva York)

Pastores y ministros de nuestra red de iglesias en Brooklyn del Sur han seguido para ser parte de mayores movimientos de Dios más allá de nuestra área local. Un pastor se hizo miembro del liderazgo nacional de "Promise Keepers" (Cumplidores de Promesas) en su componente de reconciliación racial. Otro pastor dirige la "Marcha para Jesús" de la ciudad de Nueva York. Aparte de dirigir la Coalición de Pacto de la ciudad, también sirvo como uno de los fideicomisarios del "Concierto de Oración del Área Metropolitana de Nueva York", que proporciona el liderazgo al movimiento de oración en esa área de Nueva York.

Muchos líderes afirman que lo que estamos construyendo es una de las más desarrolladas redes de iglesias autónomas de todas las ciudades grandes del país. El impacto de esta cooperación no solamente ha afectado a las iglesias de la ciudad de Nueva York, sino que también ha podido ser documentado que la criminalidad en nuestra ciudad ha descendido dramáticamente desde 1993.[1] Le damos a Dios toda la honra y la gloria.

Si la gente me pregunta si pastoreo una iglesia independiente o denominacional, le digo que ninguna de las dos. Si entonces me miran con confusión y consternación, les digo soy parte de una iglesia *interdependiente* que es parte de la Iglesia de la ciudad de Nueva York.

Todas estas experiencias han cambiado en gran manera mi paradigma de cómo se debería identificar la Iglesia y de cómo debería funcionar en una ciudad. También me han abierto los ojos en cuanto al propósito del evangelio. En las siguientes páginas vas a ver las ideas que ahora propugno.

Lo que vas a estar leyendo no va a ser nueva revelación, sino que creo va a ser solamente una recapitulación de las creencias de los apóstoles, padres apostólicos y de los grandes reformadores. Si yo fuera el único diciendo actualmente lo que está escrito en este libro, o si fuera una "nueva revelación" sin raíces en la historia de la Iglesia, entonces yo sería el primero en admitir que esto es herético.

En este libro me enfrento a que en esta sociedad postmoderna y postcristiana la cultura occidental tiene mucho de lo que necesitamos para un avivamiento. Lo que sí necesitamos es una reforma enviada del cielo que nos pueda servir de sustento y cimiento para un avivamiento. Este es el eslabón que nos falta, hablando de lo que primero que tiene que ocurrir en la Iglesia y en la sociedad. El avivamiento no es suficiente, porque nos hemos apartado de la visión bíblica del mundo como estándar de ley para nuestra nación.

Esto puede explicar por qué la mayoría de los avivamientos

en Norteamérica son efímeros en términos de su duración e impacto cultural (¡si es que hubo algún impacto!). No podemos solamente seguir mirando a Whitefield, Wesley y Finney como nuestros modelos para el avivamiento, porque en su tiempo y lugar ya existía una fuerte visión cristiana del mundo en términos de lo que nuestra nación aceptaba como sus buenas costumbres.

Por consecuencia, los efectos del Primer Gran Despertamiento duraron por generaciones y fue con la mayor probabilidad el impulso para la Guerra de Independencia de Inglaterra.

Los efectos del Segundo Gran Despertamiento también duraron por generaciones y resultaron en muchas reformas sociales, incluidas el Movimiento Abolicionista (antiesclavitud).

Hoy en día, aquellos que son afectados por nuestros avivamientos de la Iglesia fracasan en impactar sus alrededores, porque los cimientos culturales que hay debajo de sus lugares de operaciones basan sus valores, metodología y propósito en el secularismo humano. Esto presiona a los puntos de vista cristianos de los medios a quedar relegados a la comunidad de la Iglesia, y de esta manera continúan separando el aspecto espiritual de su fe de la aplicación bíblica al mundo natural.

El avivamiento y el despertar traen a gente a la iglesia; la reforma coloca a ambos: santos piadosos y sistemas en cada faceta de la cultura.

Oro que este libro, que ante todo es una apologética profética para el ministerio apostólico* integral, sea un catalizador que te ayude a moverte hacia el pleno potencial que tienes como parte de la Iglesia del Señor Jesucristo.

---

* Existe alguna confusión respecto al significado de los términos *apóstol* y *apostólico*. Sin entrar en una explicación exhaustiva, cuando uso la palabra *apóstol*, generalmente me refiero a una persona que funciona (con o sin el título) en el primero de los cinco dones de ministerio de la lista de Efesios 4:11 (es decir: apóstoles, profetas, evangelistas, pastores y maestros). Algunos de los atributos comunes de los apóstoles contemporáneos son los siguientes:

- Pastorean una iglesia o lideran un ministerio o una corporación con influencia regional, nacional o internacional que llega más allá de su comunidad local.

- Son líderes de otros líderes (o son pastores de otros pastores).

- Están involucrados en el crecimiento o en la multiplicación del liderazgo.

- Tienen un espíritu emprendedor y son capaces de duplicarse a ellos mismos por medio del desarrollo de otros ministros y ministerios.

Este libro propone que de manera similar existen los demás cuatro de los cinco dones ministeriales que Dios levanta específicamente para alcanzar a cada área de la sociedad bajo el dominio de su reino.

Utilizo el término *apóstolico* como adjetivo, relacionado a la misma función del don ministerial, pero describiendo una confluencia de redes, asociaciones de iglesias, ministerios, negocios y otras instituciones y empresas que funcionan bajo el dominio de Dios.

CAPÍTULO 1

EL NACIMIENTO DEL MOVIMIENTO DE ORACIÓN

Desde que a finales de los ochenta saliera el innovador libro de John Dawson, *Taking Our Cities for God* (La reconquista de tu ciudad)[1], ha habido una aceleración en el Cuerpo de Cristo respecto a la guerra espiritual estratégica y a la oración. Desde entonces hombres como George Otis, Jr. y otros nos han enseñado sobre el mapeo espiritual y las caminatas de oración. David Bryant y "Conciertos de Oración" nos han llamado para orar juntos por avivamiento, y Mike Bickle nos trajo el concepto de las "Casas de Oración". El resultado es que ahora hay más oración unida, estratégica y con propósito que probablemente en toda la historia de la nación.

En vez de que estén orando iglesias y santos individualmente de una manera discursiva, tirando "misiles Scud" al azar, ahora el Cuerpo de Cristo está orando con "bombas inteligentes" en un esfuerzo coordinado que está sacudiendo nuestras ciudades.

Siendo por naturaleza una persona analítica, seguía habiendo un área que no me satisfacía—aun con todas las "bombas inteligentes" que tirábamos—sentía que en algún aspecto importante todavía estábamos desenfocados. En *Los 7 hábitos de la gente altamente efectiva*, Stephen Covey nos enseña a comenzar con el final en mente.[2] En otras palabras, nunca seremos capaces de ser efectivos en cualquier cosa, a no ser que antes sepamos por qué lo estamos haciendo y cuáles son nuestras metas. Tu *escatología* (lo que tú crees sobre el futuro) determina tu *teleología* (a dónde te diriges, o sea, tus metas).

He descubierto que muchas personas están orando por avivamiento (en inglés: *revival*) sin apenas definir lo que avivamiento realmente es. (Si preguntas a cien santos piadosos lo que es avivamiento, probablemente te van a dar cien respuestas diferentes). Algunos definen avivamiento como manifestaciones espirituales (como las que ocurrieron no hace mucho tiempo en Toronto y Pensacola). Otros clasifican avivamiento como la salvación de las almas, algo que yo clasifico como un "despertar" (cuando los pecadores son salvos).

Sin importar todas las definiciones que puedan haber sobre

lo que es un avivamiento, la definición más simple de "revival", de la cual yo pienso que todos podemos estar de acuerdo, es "*revive*": *re* significa "de nuevo", y *vive* significa "vivir" (= resucitar). Según mi entendimiento de las Escrituras, el avivamiento es para el pueblo de Dios (como nos muestran el Salmo 85:4-6 y los avivamientos de los reyes Josías, Ezequías y Josafat) para redespertarlos con el fin de que siguieran el compromiso de servir a Dios. ¿Pero es esto realmente la meta final? Si alguien tiene que ser reavivado, entonces es que obviamente estaba en un camino regresivo. En otras palabras, el avivamiento no debería ser el final; debería ser la norma para la Iglesia, el punto de partida para nosotros como cristianos es empezar realmente a hacer el trabajo del evangelio. Siendo este el caso entonces, ¿por qué cosas deberíamos estar orando?

CAPÍTULO 2

LA MISIÓN DE LA IGLESIA

En Mateo 6:10 Jesús le dio al Cuerpo de Cristo la misión para nuestro tiempo aquí en la Tierra. Nos enseñó que cuando oramos, la esencia, el motivo y el propósito de nuestra oración al Padre deben ser: "Venga tu reino, hágase tu voluntad en la tierra como en el cielo".

Jesús era muy decidido. La primera vez que ministró (y creo que la primera vez que Él ministraba en cualquier nuevo lugar), leía del profeta Isaías y declaraba su visión a toda la gente (Lucas 4:18-19). Él estaba extremadamente enfocado hacia la meta. En Lucas 13:32 le llama zorro a Herodes, y luego, en el verso 33 le dice a todo el que le estaba escuchando que no le impedirían de alcanzar su propósito de ir a Jerusalén. Finalmente en Juan 18:37 le expone a Pilatos con claridad el propósito de su venida a la Tierra:

> ¡Así que eres rey!—le dijo Pilatos.—Eres tú quien dice que soy rey. Yo para esto nací, y para esto vine al mundo: para dar testimonio de la verdad. Todo el que está de parte de la verdad escucha mi voz.

Este visionario, guiado por su propósito y enfocado en su meta, ciertamente no hubiera dejado a sus seguidores sin un sentido de misión y de propósito. ¡No creo que hubiera hecho eso!

La clara y nítida declaración de misión para todos en el Cuerpo de Cristo, sin importar sus dones y su llamado, está bien indicada aquí: hacer su voluntad en la tierra como en el cielo. Jesús estaba diciendo que el marco de referencia que todos deberíamos tener, sin hacer caso de afiliación denominacional, es reflejar el cielo en la Tierra. ¿Por qué? Porque en el cielo la rebelión ha sido expulsada (Apocalipsis 12:9). Es el único lugar en el universo que actualmente es el modelo de una morada que finalmente está bajo el reinado de Dios.

La misión para los cristianos es sofocar la rebelión en la Tierra y reflejar en la Tierra lo que las Escrituras dicen que hay en el cielo.

CAPÍTULO 3

EL PROPÓSITO DE LA CRUZ

Si preguntaras a cien cristianos diferentes en nuestra época por qué el Señor Jesús murió en la cruz, probablemente el 99.9% de ellos diría que fue para que ellos pudiesen ir al cielo.

Esto resulta de una cultura individualista y egocéntrica que le ha lavado el cerebro a la Iglesia. El mayor propósito de la muerte de Jesús en la cruz no era que tú pudieses ir al cielo. El propósito principal de su muerte fue que su reino pueda ser establecido en ti, así que, como resultado, puedas ejercer la autoridad del reino en la tierra (Lucas 17:21) y reconciliar el mundo de nuevo con Él (2 Corintios 5:19).

Dios nos ordenó claramente en Mateo 6:33 a buscar primero su reino (el dominio del Rey) y su justicia (el resultado de someterse a su gobierno). ¿Estoy diciendo que su expiación no hizo un camino para yo ir al cielo? ¡Por supuesto que no! Simplemente estoy diciendo que nuestra ida al cielo no fue la cuestión central de la cruz, sino simplemente un producto secundario del propósito principal, el establecimiento del reino de Dios en la Tierra. Si el reino de los cielos está dentro de ti, ¡irás al cielo de todas maneras! Si nuestra única meta es la de llegar al cielo, eres egocéntrico e ignoras el mayor propósito del señorío de Cristo en toda la Tierra.

CAPÍTULO 4

EL EVANGELIO DEL REINO O EL EVANGELIO DE LA CULTURA ESTADOUNIDENSE

A medida que Dios va uniendo a miles de pastores, muchos pastores se están emocionando como si esto fuera la única cosa que tenemos que hacer antes de Jesús vuelva. La manera que yo lo veo es emocionante, porque es un paso en la dirección adecuada. Debería ser lo normal para los pastores y las iglesias de estar trabajando juntos. Pero eso es solamente el comienzo del viaje. Solamente estamos calentando. Todavía no hemos comenzado a jugar el partido.

Debido a nuestra cultura e historia estadounidense (la Guerra de la Independencia), algunos de nuestros puntos fuertes (la búsqueda de libertad y justicia) han sido pervertidos y se han convertido en una gran debilidad. Desde el nacimiento de nuestra nación hemos glorificado cada vez más un fuerte individualismo que ha desembocado en rebelión. Nuestros mayores héroes del cine son Rambo, John Wayne, Clint Eastwood, Action Jackson, Steven Seagal, hombres que entran en una arena de conflicto totalmente superados en número de enemigos y de armas, pero que aún así salen victoriosos. ¡En la vida real, Rambo muere en cuanto se caiga del helicóptero, y a John Wayne le dan una paliza o sale muerto a tiros de aquella lucha en el bar! Sería bonito si estos papeles de la pantalla sólo fueran imaginarios, pero desafortunadamente, esta mentalidad de "superestrella" independiente se ha colado lentamente en la Iglesia.

El resultado de todo esto está hoy en día en la Iglesia. Todavía tenemos personas claves desconectadas de la visión local; pastores desconectados unos de otros y una gran cantidad de iglesias desconectadas de la Iglesia histórica, dejándolos sin una comprensión del propósito y sin una imagen correcta de lo que trata el reino de Dios.

La mayoría de nuestras predicaciones y enseñanzas son individualistas, miope (que sólo se ve a sí misma) y vertical. Pero Mateo 22:37-39 nos enseña que también debe ser horizontal (cruzada o lateral) así como corporativa. Tenemos predicadores superestrellas y megaiglesias que parecen ser islas para ellas mismas, intentando enfrentarse solas al enemigo. Las personas sólo están trabajando para construir su propio imperio. Para exacerbar aún más le mentalidad del "yo/mí/me" en la Iglesia, muchos superventas en librerías cristianas hacen hincapié en la autoayuda, la autoimagen y la autoconfianza (en vez de morir a uno mismo y desarrollar una conciencia de Cristo en nuestras vidas y una visión bíblica del mundo para nuestra sociedad).

¡Muchos predicadores sólo enfatizan cómo creer en Dios para la consecución de *mi* milagro! Como joven ministro, mi meta era finalmente tener un ministerio tan poderoso que llenaría estadios y haría entrar el avivamiento en ciudad tras ciudad hasta que Jesús volviera. Hasta que no pasé un periodo de severa prueba y sufrimiento a finales de los ochenta, no me di cuenta de que para sobrevivir necesitaba a otros pastores en mi comunidad y que solamente juntos seríamos capaces de tomar nuestras ciudades para Dios. Incluso comencé a interpretar la Biblia de una manera diferente, dándome cuenta que cuando Pablo le escribió a los romanos, corintios, efesios, colosenses y filipenses, le estaba escribiendo a "la *Iglesia* de Éfeso", no a las *iglesias* de Éfeso o a individuos en las iglesias locales. Me di cuenta que no podía interpretar la Biblia correctamente, a menos que tuviera una presuposición bíblica corporativa como punto de partida.

El cuadro en la siguiente página nos muestra tres escrituras con dos maneras diferentes de interpretar los versos. Para conseguir el significado verdadero de Isaías 61:1 debes leer Isaías 61:4:

> Reconstruirán las ruinas antiguas, y restaurarán los escombros de antaño; repararán las ciudades en ruinas, y los escombros de muchas generaciones.

Antes de que nadie se preocupe, no estoy diciendo que no podamos extraer principios de las Escrituras y aplicarlos a nosotros personalmente, pero sí estoy diciendo que la manera correcta de hacerlo es a través de la óptica de la iglesia corporativa. En otras palabras, no solamente puedo hacer lo mío, dar sólo donde yo quiero estar desconectado de la iglesia local. ¡Solamente seré verdaderamente bendecido y alcanzaré mi potencial cuando comprenda que mi destino individual está envuelto en el destino de la iglesia local, y la iglesia local será bendecida en la medida en que la iglesia de la ciudad es bendecida!

Así que puedes ver que el individualismo extremo ha afectado negativamente incluso la manera en la que interpretamos las Escrituras. Voy a dar un paso más. ¡Las iglesias locales no pueden ni reclamar la llenura de Filipenses 1:6 y 4:19 sin estar involucrados con la ¡totalidad del Cuerpo de Cristo en su comunidad!

Hay una promesa de Filipenses 1:6 para la iglesia local, pero hay una promesa de Filipenses 1:6 todavía más grande si ves y trabajas interdependientemente con la iglesia de la ciudad. Nuestro lema debería ser "¡una ciudad, una Iglesia!".

Ser nacido de nuevo

Quiero exponer un verso más (espero que lo siguiente no sea tan radical para ti que te vaya a disgustar y luego me dejes de prestar atención.) La mayoría de nosotros ha presentado en alguna que otra ocasión el pasaje tan familiar de las Escrituras en Juan 3:3: "Quien no nazca de nuevo no puede ver el reino de Dios". Debido a nuestro paradigma individualista, todos hemos interpretado este verso a través de nuestra cultura egocéntrica; hemos predicado lo que creíamos que Jesús quería decir: "tienes que haber nacido de nuevo para ir al cielo".

A pesar de que ciertamente es verdad que debemos ser nacidos de nuevo para ir al cielo, una segunda mirada nos muestra que estamos citando mal el versículo. Dice que tenemos que haber nacido de nuevo para *ver el reino de Dios*. El mayor propósito del evangelismo es abrir los ojos espirituales de todas las personas, llevarlos a que se sometan al señorío de Cristo y ver el dominio del Rey sobre su reino entero, ¡y luego arrastrar personas a su ejército del reino!

Por ejemplo, antes de nuestra regeneración pensábamos que el mundo era del hombre: que evolucionamos por casualidad a lo que somos ahora mismo; que nuestro padre fue una ameba unicelular; que nuestro tío es un árbol y que el universo surgió como resultado de algún "Big Bang" (Gran explosión). La cosa más grande que ocurre cuando recibes a Jesús en tu vida para salvación es que comienzas a ver que toda la tierra pertenece al Señor y que Jesucristo es el legítimo gobernador sobre toda la Creación.

> Del Señor es la tierra y todo cuanto hay en ella, el mundo y cuantos lo habitan.
>
> —SALMO 24:1

Esto nos lleva a la siguiente pregunta: ¿qué es el reino de Dios?

El que comenzó tan buena obra en ustedes la irá
perfeccionando hasta el Día de Cristo Jesús.
—Filipenses 1:6

POSICIÓN BÍBLICA:	CULTURA NORTEAMERICANA:
Pablo le estaba hablando a toda la Iglesia.	Pablo sólo estaba hablándome a mí.
Este versículo solamente se va a cumplir si tengo comunión en la Iglesia local.	Este versículo se va a cumplir si lo cito y lo creo, sin importar si soy fiel o no en la Iglesia local.

Así que mi Dios les proveerá de todo lo que necesi-
ten, conforme a las gloriosas riquezas que tiene en
Cristo Jesús.
—Filipenses 4:19

POSICIÓN BÍBLICA:	CULTURA NORTEAMERICANA:
Esto era una promesa a toda la Iglesia, porque como iglesia, le dieron una ofrenda económica a Pablo.	Esto es algo que es sólo para mí si diezmo y ofrendo.
Dios solamente prospera a alguien si añaden al reino de Dios bendiciendo a la Iglesia local.	Si confieso esto y lo creo y doy donde me siento guiado, Dios proveerá para todas mis necesidades.
Dios quiere prosperar a toda una iglesia con el fin de que toda su membresía también prospere.	Dios quiere prosperarnos a mi familia y a mí.

El Espíritu del Señor omnipotente está sobre mí, por
cuanto me ha ungido para anunciar buenas nuevas a
los pobres. Me ha enviado a sanar los corazones he-
ridos, a proclamar liberación a los cautivos y libertad
a los prisioneros.
—Isaías 61:1

POSICIÓN BÍBLICA:	CULTURA NORTEAMERICANA:
El propósito de la unción es liberar a individuos de ataduras para que ellos transformen ciudades enteras.	El propósito de la unción es demostrar el poder de milagros de Dios, para que podamos tener un ministerio poderoso y llevar a muchos individuos al cielo.

CAPÍTULO 5

EL REINO DE DIOS

S i preguntaras a cien cristianos diferentes lo que es el reino de Dios, probablemente recibirías unas cincuenta respuestas diferentes.

La creencia más común es que el reino de Dios es la Iglesia. Aunque esto sea en parte verdad, no es toda la verdad. La verdad es que la Iglesia está en el reino, pero que el reino es mucho más amplio que la Iglesia. La Iglesia es el factor principal, su representante con la autoridad del reino; pero el reino de Dios es mucho más que la Iglesia. Engloba todo lo del reino de Dios en el cielo y en la Tierra. Esta es tal vez la verdad más malentendida en la Biblia y es algo que el enemigo ha hecho para causar confusión a la Iglesia respecto a su misión.

Por amor a la claridad, déjame definir el término *reino (Kingdom)*. En inglés* proviene de dos palabras—*king* (rey) y *domain* (dominio). La Biblia nos enseña en Apocalipsis 19:16 que Jesús es el Rey de reyes. Apocalipsis 1:5 llama a Jesús "el príncipe de los reyes de la tierra", refiriéndose a los gobernantes en la tierra *ahora mismo*. Jesús declaró ser rey en Juan 18:37. Pablo le llama el "único Potentado, el Rey de reyes, y Señor de señores" (1 Timoteo 6:15). Efesios 1:21 dice que Jesús está muy por encima de todo principado y poder, y fuerza, y dominio y de todo nombre que es nombrado, no solamente en este mundo, sino también en el venidero. Filipenses 2:10-11 ordena a toda rodilla a arrodillarse y a toda lengua a confesar que Jesucristo es Señor en el cielo y en la Tierra. El Salmo 24:1 nos dice que "la tierra es del Señor". Salmo 96:10 declara que Dios reina entre las naciones. Numerosos salmos han declarado el gobierno de Dios sobre la Tierra una y otra vez.

Siendo las Escrituras tan claras en este asunto ¿por qué entonces la confusión? ¿Por qué tantos cristianos viven y actúan como si el gobierno de Dios sólo fuera para la Iglesia o para la próxima vida? ¿Podría ser porque hay una mala interpretación de las Escrituras?

Vamos a ver algunos ejemplos:

En otro tiempo ustedes estaban muertos en sus transgresiones
y pecados, en los cuales andaban conforme a los poderes de
este mundo. Se conducían según el que gobierna las tinieblas,
según el espíritu que ahora ejerce su poder en los que viven
en la desobediencia. En ese tiempo también todos nosotros
vivíamos como ellos, impulsados por nuestros deseos peca-
minosos, siguiendo nuestra propia voluntad y nuestros propósitos. Como los demás, éramos por naturaleza objeto de la ira
de Dios.

—EFESIOS 2:1-3

Sabemos que somos hijos de Dios, y que el mundo entero está
bajo el control del maligno.

—1 JUAN 5:19

Estos versos nos enseñan básicamente que actualmente el sistema mundial está siendo influenciado y controlado por el enemigo; ¡pero en ningún sitio de las Escrituras dice que Satanás
tenga el derecho a continuar haciendo esto! Yo sostengo que Jesús
nos dijo en la oración del Señor que hagamos que la Tierra refleje
el cielo: buscando primero su reino y su justicia. Creo que esto
significa que nuestra misión no es simplemente discipular a las
personas con tal de que lleguen al cielo, sino también echar por
tierra el sistema satánico actual y declarar: "El reino de Dios ha
venido"—ha sido inaugurado ahora—(ver Mateo 4:17; 12:28).

Esto significa más que solamente echar fuera demonios de la
gente, también significa echar fuera demonios del sistema, de las
familias, del vecindario, de comunidades, ciudades e incluso ¡naciones! Según Colosenses 2:15, Jesús ya ha desarmado a Satanás.
¡Ahora depende de la Iglesia el "desplazarle"!

Aquí tenemos otra escritura malentendida:

De nuevo lo tentó el diablo, llevándolo a una montaña muy alta,
y le mostró todos los reinos del mundo y su esplendor. Todo
esto te daré si te postras y me adoras.—¡Vete, Satanás!—le dijo
Jesús—. Porque escrito está: "Adora al Señor tu Dios y sírvele
solamente a él."

—MATEO 4:8-10

Se dice que porque Jesús no discutió lo que decía Satanás, en
el fondo estaba diciendo que el diablo es el dueño del mundo.
Déjame repetir mi declaración de antes: Satanás tiene influencia sobre sistemas políticos y sociales, ¡pero Jesús nunca dijo que

tuviera el derecho! ¡De hecho, Jesús dijo lo contrario! Le dijo a Satanás en el contexto de los reinos del mundo que las Escrituras nos enseñan que debemos alabar (no significa cantar canciones, sino someterse) al Señor nuestro Dios. No sólo estaba hablando sobre sí mismo o del diablo, ¡sino que se estaba refiriendo a los reinos de este mundo! Jesús estaba diciendo aquí claramente ¡que los reinos del mundo deben alabar (*someterse*) a Dios!

CAPÍTULO 6

LA VERDADERA RAZÓN POR LA CUAL CRUCIFICARON A JESÚS

Una cuestión fundamental que debemos entender antes de ir más lejos, es el por qué Jesús fue crucificado. En otras palabras, ¿cuál fue el motivo detrás del poder judío y romano en sus acciones contra nuestro Señor? Yo solía pensar que Jesús fue crucificado y la iglesia primitiva fue perseguida porque creían en una nueva religión. La verdad de la cuestión es que la cultura romana estaba imbuida con el politeísmo (la alabanza a muchos dioses). A ellos no les importaba otra religión. Crucificaron a Jesús y persiguieron a la iglesia primitiva porque la Iglesia entendió que la Tierra es del Señor y que Jesús es el Rey sobre todos los gobernantes de la tierra (para más información, lee *How Should We Then Live?* [¿Entonces cómo deberíamos vivir?] de Francis Schaeffer[1]). El Sanedrín quería a Jesús muerto porque amenazaba su poder. Herodes intentó matar a Jesús cuando era un infante porque Jesús nació como rey de los judíos (ver Mateo 2:1-3, 16). Cuando Pilato buscó liberar a Jesús, los judíos sabían qué decir para provocar a Pilato y conseguir que matara a Jesús: "Cualquiera que pretende ser rey, se hace enemigo del César" (Juan 19:12).

Más adelante en el libro de los Hechos, los discípulos trastornaron las bases económica, política y social de cada ciudad a la que iban, porque la cultura estaba intrincablemente entrelazada con la adoración de ídolos y del emperador. A dondequiera que fueran ellos ponían el mundo (*cosmos*, sistema mundial) al revés.

> Pero como no los encontraron, arrastraron a Jasón y a algunos otros hermanos ante las autoridades de la ciudad, gritando: «¡Estos que *han trastornado el mundo entero* han venido también acá, y Jasón los ha recibido en su casa! Todos ellos actúan *en contra de los decretos del emperador*, afirmando que hay otro rey, uno que se llama Jesús.» Al oír esto, *la multitud y las autoridades de la ciudad se alborotaron.*
> —HECHOS 17:6-8, ÉNFASIS AÑADIDO

Me entristece que no estemos entendiendo la misión de nuestra iglesia debido a una predicación miope y una pobre hermenéutica (que es la ciencia de la interpretación de las Escrituras).

La iglesia actual actúa como si Jesús solamente fuera Señor de la Iglesia. Mi Biblia enseña claramente que Él es el soberano de todos los príncipes de la tierra. El es Señor de señores y Rey de reyes, el único soberano (ver 1 Timoteo 6:15).

Esto significa que no solamente la Iglesia—no solamente los salvos—sino también incluso los no redimidos son responsables ante Jesús como Señor, ¡les guste o no les guste! Dios ordena a todo hombre en todo lugar a someterse al Rey Jesús y a arrepentirse (ver Hechos 17:30).

Dios está demandando que todas las leyes y todos los políticos terrenales se sometan a su dominio y reflejen principios bíblicos de leyes para la sociedad y el gobierno. Solamente hay un dador de leyes y juez (Santiago 4:12), y ellos deben reflejar esto en sus políticas ¡o serán juzgados!

Me entristece cuando oigo a un político que se hace llamar cristiano decir que aunque sea provida en lo privado, es proelección públicamente porque no puede imponer su punto de vista a otros. Lo que estos líderes tienen que comprender es que Dios no distingue entre política personal y la pública. Tu fe personal tiene que incluir principios a los cuales hay que adherirse en política pública ¡o si no, no valdrá de nada! (Naturalmente, en una sociedad libre como la de los Estados Unidos estamos hablando sobre reflejar principios bíblicos, no sobre usar la legislación de manera que obligue a las personas a convertirse.)

Finalmente, nuestros alcaldes, gobernadores, el Congreso, el Presidente, el gobierno supremo y todos los ciudadanos públicos y privados están siendo demandados por Dios a someterse en sus vidas al reinado y el gobierno de Dios.

> Ustedes, los reyes, sean prudentes; déjense enseñar, gobernantes de la tierra. Sirvan al Señor con temor; con temblor ríndanle alabanza. Bésenle los pies, no sea que se enoje y sean ustedes destruidos en el camino, pues su ira se inflama de repente. ¡Dichosos los que en él buscan refugio!
>
> —Salmo 2:10-12

CAPÍTULO 7

La naturaleza de la Iglesia y la Gran Comisión

Como he constatado en capítulos anteriores, ha habido muy mala interpretación de las Escrituras—especialmente cuando tiene que ver con el reino de Dios. En este capítulo voy a documentar otro gran malentendido—el papel y la naturaleza de la Iglesia.

Para comenzar, vamos a ver la palabra que usó el Señor Jesús para describir la *asamblea* de su pueblo en el Nuevo Testamento. El primer uso de la palabra *iglesia* en la Biblia se encuentra en Mateo 16:18: "Sobre esta piedra edificaré mi iglesia, y las puertas del reino de la muerte no prevalecerán contra ella".

La palabra griega para *iglesia* es *ekklesia*. Este término *ekklesia* no era original, ya se estaba usando en la cultura griega para describir la asamblea de los ciudadanos griegos en estados libres que se reunían para tomar decisiones políticas para la ciudad. Estas personas, la *ekklesia*, se reunían para votar sobre la elección de los funcionarios, declarar la guerra y de hacer política para las gestiones de la ciudad. En resumen, estas eran las personas que llevaban la ciudad. No solamente se reunían para cantar canciones, emocionarse, gritar y tener otras experiencias mundanas; ¡ellos se reunían para gobernar! Un ejemplo de esto en las escrituras se encuentra en Hechos 19:23-41 cuando la comunidad en Éfeso se reunió para discutir qué hacer con Pablo. Fíjese especialmente en los versos 32, 39 y 41, donde la palabra *asamblea* es la palabra griega *ekklesia*.

Para mantener el propósito de su venida como rey que gobierna (Juan 18:37), obviamente necesitaba levantar a personas con autoridad delegada para ejercer su gobierno en la tierra. Si no entiendes esto, no entenderás el concepto más básico de la iglesia. Dios no se emociona primordialmente con grandes sermones, grandes cultos de adoración y personas que se caen bajo su poder. ¡Dios está más interesado en lo que hacemos cuando nos levantamos del suelo! Si nos levantamos y seguimos viviendo con una visión del mundo pagana y humanista, ¡entonces estamos perdiendo el mayor motivo para el evangelio del reino, la cruz y la existencia real de la Iglesia!

Si nuestro único llamado en esta vida es solamente adorar a Dios y estar en intimidad con Él, entonces nos hubiera dicho en Mateo 6:33 buscar primeramente su rostro. Pero más bien dijo buscar primeramente su reino. Si lo único que preocupara a Dios fuera nuestra piedad personal, entonces la oración del Señor solamente nos hubiera instruido a decir, "santificado sea tu nombre". Hubiera omitido "hágase tu voluntad en la Tierra como en el cielo". Si este es el caso, también podríamos ser arrebatados inmediatamente fuéramos salvos, ¡porque la adoración es mucho mejor en el cielo que en la Tierra! ¿Entiendes ahora la imagen? (Además, si realmente estás buscando primeramente su reino, ¡esto comienza por buscar primero su rostro y su gobierno sobre ti personalmente!)

Cuando los cristianos hacen declaraciones como…"no sé si los cristianos deberían involucrarse en política", yo me río. ¿Es que no saben que solamente la palabra iglesia (ekklesia) ya tiene fuertes connotaciones políticas?

Si tú estás en la ekklesia, eres un político implicado en las actividades tanto de los seres espirituales como naturales que influencian la estructura política y social de nuestro mundo. Si las personas se preguntan si la Iglesia debería estar implicada en asuntos sociales, demuestra que son ignorantes en cuanto a la verdadera naturaleza y llamado de la Iglesia. Las mismas personas que cuestionan si la Iglesia debería o no debería implicarse en la formación de trabajo, vivienda, la educación y apoyo de los pobres y en el desarrollo de la comunidad, son las personas que obviamente deben vivir en vecindarios adinerados. Si vivieras en un edificio de apartamentos infectado por ratas y con focos de enfermedad, nunca preguntarías si el evangelio debería afectar a nuestros alrededores sociales. Los que cuestionan esto y viven en vecindarios bonitos son las mismas personas que enseñan a sus hijos que tienen un buen coche, una buena casa y un buen trabajo porque Dios les ha bendecido, ¡así que puedes ver que realmente creen en un evangelio social!

Permíteme dejar este punto claro: yo creo en la separación de la Iglesia y Estado. No creo que ninguna iglesia o denominación debería asumir el gobierno civil, pero no creo en la separación de Dios y el Estado. Dios exige a todos los líderes que gobiernen bajo los estándares de su ley y gobierno.

Por mí reinan los reyes y promulgan leyes justas los
gobernantes…Voy por el camino de la rectitud, por los sen-
deros de la justicia.

—Proverbios 8:15, 20

Ahora bien, sabemos que la ley es buena, si se aplica como es
debido. Tengamos en cuenta que la ley no se ha instituido para
los justos sino para los desobedientes y rebeldes, para los impíos y pecadores, para los irreverentes y profanos. La ley es
para los que maltratan a sus propios padres, para los asesinos,
para los adúlteros y los homosexuales, para los traficantes de
esclavos, los embusteros y los que juran en falso. En fin, la ley
es para todo lo que está en contra de la sana doctrina.

—1 Timoteo 1:8-10

Mateo 16:18 nos dice "las puertas del reino de la muerte no prevalecerán contra [la *ekklesia*]". Jesús deja aquí muy claro que su
ekklesia estará en conflicto con las puertas (la palabra usada para
describir el poder principal de ciudades, incluido el económico,
educacional, político y judicial). Este es el lugar donde los líderes
de la ciudad se encontraban para tomar decisiones, hacer política,
reconocer al liderazgo y declarar la guerra (por ejemplo el ayuntamiento), todas las cosas que la *ekklesia* debe hacer.

Al decir que las puertas no prevalecerán, Jesús estaba utilizando una palabra política y social que estaba de moda para describir el *epicentro* de cada esfera "de vida" en una ciudad. Aquí
Jesús dejó absolutamente claro que su voluntad para su *ekklesia*
es desplazar las bases de poder del enemigo con su gobierno.

Y bendijeron a Rebeca con estas palabras: «Hermana nuestra:
¡que seas madre de millares! ¡Que dominen tus descendientes
las ciudades* (en inglés dice *gate* que significa *puerta*) de sus
enemigos!»

—Génesis 24:60

Entonces el padre y la madre de la joven irán a la puerta de la
ciudad y entregarán a los ancianos pruebas de que ella sí era
virgen…nombrarás jueces y funcionarios que juzguen con justicia al pueblo, en cada una de las ciudades* (en inglés dice *gate*
que significa *puerta*) que el Señor tu Dios entregará a tus tribus.

—Deuteronomio 22:15; 16,18

Las Escrituras nos enseñan claramente que somos llamados a
poseer las puertas de nuestros enemigos.

Que te bendeciré en gran manera, y que multiplicaré tu descendencia como las estrellas del cielo y como la arena del mar. Además, tus descendientes conquistarán las ciudades* (en inglés dice *gate* que significa *puerta*) de sus enemigos.

—Génesis 22:17

Eleven, puertas, sus dinteles; levántense, puertas antiguas, que va a entrar el Rey de la gloria. ¿Quién es este Rey de la gloria? El Señor, el fuerte y valiente, el Señor, el valiente guerrero. Eleven, puertas, sus dinteles; levántense, puertas antiguas, que va a entrar el Rey de la gloria. ¿Quién es este Rey de la gloria? Es el Señor Todopoderoso; ¡él es el Rey de la gloria!

—Salmo 24:7-10

La mayoría de los pastores están contentos si sólo tienen una buena asistencia y una buena reunión. Esta no es la meta de Dios para nosotros. Dios está interesado en una cosa: ¡que los principados, las potestades y los gobernantes de las tinieblas de estos tiempos sean destruidos en las puertas para que el evangelio penetre en cada faceta de la sociedad!

Poseer las puertas significa que la Palabra de Dios sea el patrón (administrado por líderes piadosos) para todo lo que las puertas representaban y controlaban. En otras palabras, Dios ha llamado a que su Palabra sea el patrón no solamente en nuestras iglesias, sino también en la economía, la ciencia, la educación y la política, ¡todos los asuntos que se trataban en las puertas!

CAPÍTULO 8

¿Estás buscando al Anticristo o al Cristo victorioso?

Lo he escuchado muchas veces: "yo sé que ganamos porque he leído el final del libro". Esto en parte es verdad. Yo sé que ganamos porque he leído el principio del libro (Génesis 1:26-28), el centro del libro (Mateo 16:18) y el final del libro (Apocalipsis 21-22).

En Génesis 1:26-28 Dios le dijo a Adán de tener dominio, de dar fruto y de multiplicarse, y de sojuzgar la tierra. Lo que Dios estaba diciendo esencialmente a Adán es "tú y tu simiente van a gestionar el planeta tierra para mí. Tú vas a gobernarlo y sojuzgarlo para que esté toda bajo el dominio de Dios, de la manera que está en el área geográfica conocida como el jardín del Edén" (ver Salmo 115:16). El mero hecho de que Dios diera ese mandato a Adán muestra que tenía que haber huestes demoníacas en otras partes de la tierra ¡que él debía sojuzgar y vencer! (El tema del Edén está en otras partes de las Escrituras como Ezequiel 36:35: "Entonces se dirá: esta tierra, que antes yacía desolada, es ahora un jardín de Edén; las ciudades que antes estaban en ruinas, desoladas y destruidas, están ahora habitadas y fortalecidas".)

Aunque Adán pecó, ese pacto de dominio que Dios hizo con Adán nunca fue quitado en ninguno de los pactos posteriores:

- Ni en el pacto con Noé (Génesis 9:1-2, 7, donde el pacto con Adán fue reconfirmado.
- Ni en el pacto con Abraham (Génesis 12:2-3; 17:2; 22:17)
- Ni en la ley de Moisés (Deuteronomio 28:13)
- Ni en el pacto de David (2 Samuel 7:16)
- Ni en el pacto con Salomón (1 Reyes 8:56-60; 9:5)
- Y seguro que tampoco en el Nuevo Testamento (que fue fundado incluso sobre mejores promesas y que contenía la Gran Comisión, un mandamiento a traer naciones enteras bajo el gobierno de Dios como fue su intención original en Génesis 1:26-28).

Jesús se acercó entonces a ellos y les dijo: Se me ha dado toda autoridad en el cielo y en la tierra. Por tanto, vayan y hagan discípulos de todas las naciones, bautizándolos en el nombre del Padre y del Hijo y del Espíritu Santo, enseñándoles a obedecer todo lo que les he mandado a ustedes. Y les aseguro que estaré con ustedes siempre, hasta el fin del mundo.

—Mateo 28:18-20

Enseñar (en griego "discipular") a las naciones no es hablar sobre solamente traer individuos a Cristo. El significado griego de "naciones" es un colectivo de personas que comparten la misma clase de comida, dinero, idioma y cultura. Es hablar de tribus de personas, de aquí en adelante tiene un significado corporativo y se refiere a naciones enteras, no a individuos. ¡Desafío a cualquiera a mostrarme una escritura que quite este mandato y este propósito! (El movimiento de oración es solamente el precursor para limpiar los aires, de manera que puedan entrar las tropas de tierra y tomar posesión).

Tú puedes preguntar: "¿qué pasa con el Anticristo?". Existe mucho debate escritural e histórico sobre si el libro de Apocalipsis todavía debe cumplirse. Sin embargo, aunque creas que el Apocalipsis es primordialmente futurista, debes entender que el Anticristo sólo gobierna a diez naciones en el antiguo Imperio Romano. Solamente tiene el gobierno absoluto por 3 años y medio, y aquellas escrituras oscuras en Apocalipsis posiblemente no podrán eliminar la impresionante cantidad de escrituras ¡que nos dan claramente un motivo victorioso para la Iglesia!

Sin entrar ahora de lleno en esto, sólo déjame decirte que la escatología hiperdispensionalista que solamente enfoca a la Iglesia en el arrebatamiento y mirando hacia la penumbra, la muerte y el Anticristo ¡han hecho mucho daño al Cuerpo de Cristo! Esta enseñanza extrema ha apartado históricamente (desde 1880) poco a poco a las iglesias de intentar promover el reino de Dios en nuestras ciudades. Si crees que la Iglesia está condenada al fracaso y que el Anticristo va a tomar posesión de todo, entonces ¿por qué intentar reformar nuestras ciudades? ¿Por qué implicarse en política? ¿Por qué construir intergeneracionalmente para nuestros hijos? ¿Por qué ministrar en los barrios más pobres si se supone que solamente miras hacia el arrebatamiento o rapto de la iglesia?

Los temas generales de las Escrituras claramente refutan esto.

Seas amilenialista, preminelialista o postminelialista, puedes seguir deseando discipular a las naciones, reconstruir las ruinas antiguas (Isaías 58:12) y tener una visión victoriosa del futuro para la Iglesia. Puedes ser amilenialista, preminelialista o post-minelialista, pero por favor no seas "*pesimilenialista*" (un término que escuché usar al Dr. John Kelly describiendo la visión pesimista y derrotista de muchos santos de hoy en día). Isaías 9:6-7 resume bellamente el mandato victorioso de la Iglesia:

> Porque nos ha nacido un niño, se nos ha concedido un hijo; la soberanía reposará sobre sus hombros, y se le darán estos nombres: Consejero admirable, Dios fuerte, Padre eterno, Príncipe de paz. Se extenderán su soberanía y su paz, y no tendrán fin. Gobernará sobre el trono de David y sobre su reino, para establecerlo y sostenerlo con justicia y rectitud desde ahora y para siempre. Esto lo llevará a cabo el celo del Señor Todopoderoso.

Observa que "se extenderá su soberanía y no tendrá fin", así que no importa lo que traiga el futuro, ¡el gobierno de Dios y su dominio siempre aumentarán con el paso del tiempo, no disminuirán!

¿En qué estás creyendo?

Por demasiado tiempo la Iglesia ha individualizado el evangelio y sólo ha creído a Dios para obtener el perdón individual del pecado, sanidad física, un buen coche o una buena casa. No tengo problemas con creer a Dios para tales cosas. Mi único problema con esto es que ¡no es suficiente! ¡Dios nos ha llamado a usar nuestra fe para cosas mayores que éstas! ¡Están en juego nuestras comunidades, ciudades y naciones enteras! Si el diablo consigue que usemos nuestra fe solamente para necesidades individuales, ciudades enteras van a ser destruidas y abandonadas por nuestra falta de propósito bíblico.

La Biblia nos enseña en Mateo 6:33 que si buscamos primeramente su reino y su justicia, ¡todas nuestras necesidades individuales van a ser satisfechas de todas maneras!

Lo que las Escrituras enseñan sobre tomar ciudades y naciones para Dios

Pídeme, y como herencia te entregaré las naciones; ¡tuyos serán los confines de la tierra! Las gobernarás con puño de hierro; las harás pedazos como a vasijas de barro.
—Salmo 2:8-9

Este salmo es un verso clave que todos los cristianos deben comprender si queremos comprender los dos mil años pasados de historia mundial y si queremos comprender el propósito de la iglesia del Nuevo Testamento. Este es un salmo mesiánico que promete las naciones a Cristo. Este salmo nos enseña claramente a creer a Dios para ejercer nuestra fe en oración con el propósito de sojuzgar naciones enteras para Dios. Puedes objetar que es un salmo mesiánico que promete las naciones a Cristo, no a la Iglesia.

Sin embargo, Romanos 8:17 nos enseña claramente que somos coherederos (herederos unidos) con Cristo. En otras palabras, cualquier cosa que el Padre haya prometido al Hijo también las ha otorgado a su iglesia. Nosotros estamos tan implícitamente identificados con Cristo que cualquier cosa que le ocurrió a Cristo ¡también nos ocurrió a nosotros! Cuando Jesús fue crucificado nosotros fuimos crucificados. Cuando Jesús fue levantado, nosotros fuimos levantados. Cuando Jesús fue glorificado nosotros fuimos glorificados (ver Romanos 6:8, 29; Efesios 1:17; 2,6). Cualquier cosa que el Padre hizo que el Hijo heredara ¡nosotros como iglesia también lo heredamos! El Señor Jesús es la cabeza del Cuerpo: la Iglesia. Estamos tan intrincadamente entrelazados con el Hijo como su Cuerpo que la Iglesia es llamada "la plenitud de aquel que lo llena todo por completo" (Efesios 1:23). En otras palabras, Dios ha ordenado a la Iglesia a ser la entidad que Él usa para llenar la Tierra, heredar las naciones y sojuzgar la Tierra (discipular las naciones) con su gloria.

A Hebreos 11 le llaman la Sala de Héroes de la Fe porque nos da fotos instantáneas de los mayores héroes bíblicos de la fe que el mundo jamás haya conocido. Esas personas mencionadas por nombre no fueron mencionadas por su habilidad de creer a Dios por ellos mismos, por ser satisfechas sus necesidades o por milagros personales. ¡Estas personas fueron mencionadas porque su fe fue usada para sacudir y dar forma a naciones!

Hombres como Noé, Abraham, Jacob, José, Moisés, Gedeón,

Barac, Sansón, Jefté, David y Samuel, todos ellos tuvieron la fe que sacudió reinos enteros. Podrás decir que esto solamente fue en el Antiguo Testamento. Si no era con la intención de que la Iglesia lo emulara, entonces ¿por qué se nos escribió a nosotros? ¿Por qué el libro de Hebreos nos aconseja a seguir a aquellos que por medio de paciencia y fe heredaron las promesas (Hebreos 6:12)? ¿Por qué a lo largo de la historia de la Iglesia hemos visto a Dios levantar a personas que literalmente dieron forma a naciones con su fe y obediencia? ¡En este último milenio hombres como John Hus, John Wycliffe, Martín Lutero, Juan Calvino, Count Nikolaus Zinzendorf, John Wesley, George Whitefield, William Wilberforce, Charles Simeon, Charles Finney, D.L. Moody y Abraham Kuyper, y en nuestros tiempos hombres como Martin Luther King, Jr. y James Dobson, han causado un mayor impacto político, social y eclesiástico!

Para resumirlo, ¡Hebreos 11:33 nos dice que usaron su fe para sojuzgar reinos! Este no fue cuando su vida se había acabado, ¡sino en esta vida! ¡Si su fe fue solamente usada para ayudarse ellos mismos como individuos, entonces su influencia nunca se habría sentido en las naciones!

Apocalipsis 2:26-27 promete a los vencedores que guardan su obra hasta el final (en griego *telos*, hasta el final extremo, madurez, conclusión, no necesariamente hablando sobre la muerte física) que tendrán poder sobre las naciones y que ejercerían gobierno sobre ellas. ¿Suena como los pasajes de poseer las puertas, no?

Salmo 85:9 nos dice que somos salvos para que la gloria de Dios more en nuestra tierra (¡no solamente en nuestras casas!)

Segunda de Crónicas 7:14 nos enseña que si el pueblo de Dios (aquellos con la comisión de Génesis 1:28) se humillara como cuerpo, orara, buscara el rostro de Dios y se apartaran del mal, el resultado sería que Dios sana nuestra *tierra*, ¡no solamente nuestros cuerpos físicos!

No estamos llamados a ser un club social de cristianos amables; tenemos el mandato de tomar el reino a la fuerza, u ocuparnos de manera proactiva de las puertas del enemigo en guerra espiritual y cultural (Mateo 11:12).

En vez de ocuparnos activamente del enemigo por medio de la oración y de desarrollar un liderazgo equipado para gobernar en las puertas, tenemos una mayoría de cristianos evangélicos que compran los últimos libros de profecía (muchos de ellos basados en los vientos cambiantes de los titulares de periódicos sin incorporar una hermenéutica bíblica apropiada) y que hablan de cuándo va a ocurrir el Rapto. ¡No habrá nada que le guste más al enemigo que una iglesia enfocada en un camino para escapar de este mundo antes que ocuparse de las puertas del infierno en una guerra espiritual y cultural mano a mano!

Sin entrar en muchas especificaciones escatológicas, permíteme repetir lo que le digo todo el tiempo a nuestra congregación: no creo que Jesús vuelva en los próximos años ¡porque no creo que Él vuelva hasta que no hayamos completado nuestra misión! ¡Él no va a volver a una iglesia imbuida por el mundo, buscando a Jesús egoístamente para que haga todo el trabajo que Él le encargó a la Iglesia! ¡Él no volverá hasta que completemos nuestra misión! Él volverá por "una iglesia radiante, sin mancha ni arruga" (Efesios 5:27), una iglesia victoriosa que dé honra a su nombre. Mi Biblia me dice claramente que Jesús no va a volver hasta que sus enemigos estén bajo sus pies (Salmos 100:1).

Esto no significa que toda persona en el mundo será salva, ¡sino que la Iglesia posea las puertas del infierno y ejerza influencia de reino en las naciones! Dios hizo un pacto con su pueblo para usarlos para bendecir a las familias de la Tierra (Hechos 3:25) y que los cielos retendrán a Jesús hasta la restauración de todas las cosas.

> Es necesario que él permanezca en el cielo hasta que llegue el tiempo de la restauración de todas las cosas, como Dios lo ha anunciado desde hace siglos por medio de sus santos profetas.
> —Hechos 3:21

¡Suena como los mandatos de Génesis 1:26-28 y Mateo 28:19-20!

CAPÍTULO 9

¿TIENES UNA RELACIÓN PLATÓNICA CON DIOS Y EL MUNDO?

Creo con todo mi corazón en la piedad personal. Paso más tiempo en oración que con cualquier otra cosa en mi vida. Aunque creo que la intimidad con Dios es por mucho lo más importante por lo que debe esforzarse el cristiano, también sé que el segundo de los mayores mandamientos también está en la Biblia, ama a tu prójimo como a ti mismo. La Biblia nos dice en los capítulos cuatro y cinco de 1ª Juan que la prueba de que amamos a Dios al que no vemos es que amemos a los que sí podemos ver. (Siempre habrá una manifestación física de tu esencia espiritual). Aunque podamos trazar los siguientes desequilibrios en todo su camino hasta el movimiento de reforma monasterial en el siglo seis, por ahora sólo vamos a tratar con las raíces modernas del Pietismo, yendo atrás hasta el principio del siglo XVIII con Philipp Jacob Spener y August Francke (con su dominio en la University of Halle).

El pietismo fue una reacción a la iglesia formalizada, muerta y ritualizada, la cual te permitía ser miembro de la iglesia si vivías en una cierta área geográfica. Los luteranos creían en la iglesia estatal. Para ser un ciudadano de buena reputación, tenías que ser miembro de la Iglesia Luterana, aunque fueras inconverso en tu corazón.

A pesar de que el pietismo fue un mover importante de Dios, las personas lo llevaron a un extremo y se enfocaron solamente en su relación interior con Dios hasta el abandono de las reformas sociales y de obras externas. Las reformas sociales y políticas se consideraban no importantes porque no eran "tan espirituales". El resultado fue que muchos en la iglesia abrazaron un "nuevo gnosticismo", la clásica filosofía griega platónica que básicamente enseñaba que el mundo material era malo y que solamente el mundo espiritual era bueno. El gnosticismo enseñaba que en la religión verdadera se trata de liberarse uno mismo de toda influencia material, de manera que puedas ser espiritual y agradar a Dios.

La expresión "tener una relación platónica con alguien" significa que tu relación solamente se basa en los ideales superiores de unir los espíritus y las emociones; no incluye una interacción física íntima. La mente de muchos santos se ha vuelto realmente "tan celestial que ellos realmente no sirven en la Tierra". Actualmente tienen una "relación platónica" con Dios y el mundo. El problema con las relaciones platónicas es que no se reproducen según su especie: son "estériles". Gran parte de la Iglesia ha sido cautivada por la influencia de este clásico gnosticismo griego ¡y ellos ni se dan cuenta!

¡En su ignorancia, tienen una relación platónica con Dios y con los seres humanos, y no entienden los grandes desequilibrios bíblicos de esta visión del mundo! ¡Parece ser que muchos evangélicos leen Mateo 24 (el capítulo sobre las profecías de los últimos tiempos), se saltan el capítulo 25 (que contiene el pasaje sobre los creyentes expresando y probando su fe, ministrando las necesidades físicas de la gente) y luego siguen leyendo Mateo 26!

Debemos darnos cuenta que existen más de quinientas escrituras en la Biblia que tratan sobre el ministerio a los pobres, ¡y solamente hay dos pasajes sobre el nacimiento de la virgen! Muchas escrituras nos amonestan a implicarnos en la justicia social. Isaías 61:1-4 nos enseña que la prueba de que estamos ungidos no es hablar en lenguas o predicar, sino reconstruir las ruinas antiguas de las ciudades, y de este modo hacerlos regresar al estándar que Dios nos muestra en su palabra.

CAPÍTULO 10

El próximo paso: la encarnación

En el capítulo anterior hablamos sobre los desequilibrios del pietismo. Hablemos ahora de lo que yo creo que va a ocurrir en el siguiente mover de Dios.

Los últimos diez años han visto un mover increíble de Dios en la Iglesia. Miles de líderes e iglesias se están reuniendo como nunca antes para "Conciertos de Oración", guerra espiritual, mapeo espiritual y caminatas espirituales. Si escuchas atentamente, el tema de esta oración mundial es por un avivamiento que se extenderá por todo el mundo e infundirá la Tierra con la gloria y el gobierno de Dios. Muchos líderes en la Iglesia piensan que el Espíritu Santo nos está preparando sobre todo para encontrarnos con el Anticristo o con el Nuevo Orden Mundial, ¡yo discrepo! ¡Creo que Dios nos está preparando para la victoria por toda la Tierra!

Si realmente examinas el movimiento de oración (especialmente el mapeo espiritual) y lo llevas hasta su último extremo, solamente puedes llegar a una conclusión. El propósito del mapeo espiritual es tal que podamos tener dominio en cada faceta de la sociedad. Además, examine las palabras de mucha de la música cristiana popular que ha salido en los últimos diez años, y vas a ver el mismo tema una y otra vez, ¡la declaración del reino de Dios y la derrota del enemigo en nuestros países! Y yo pregunto: ¿por qué no? ¡Verdadero dominio espiritual siempre resultará en una manifestación física de este dominio! La historia de la Iglesia nos muestra claramente que según va la Iglesia, así va el destino de una nación. Es un hecho documentado que todos los verdaderos avivamientos (los avivamientos de Lutero, Calvino, Knox, Finney y otros) siempre han resultado en reformas sociales.

El rey Jorge III de Inglaterra incluso llamó a la Revolución Estadounidense la Rebelión de Clérigos. Muchos han descrito a George Whitefield como el padre de la Revolución Estadounidense porque sus predicaciones fueron la fuerza galvanizante que unió las colonias. Una vez escuché a un historiador de la Iglesia decir que el avivamiento de Wesley salvó a Inglaterra de una revolución similar a la que Francia tendría en los 1790.[1] Tampoco es coincidencia que después de que muchos evangélicos fundamentales huyeron de las ciudades después del juicio de Scopes Monkey en los 1920 ¡el clima espiritual de nuestras ciudades (abandonadas por los liberales que no huyeron) se volviera mucho peor! Podría seguir contando.

Yo profetizo que el próximo verdadero mover de Dios en nuestro país (el cual debería naturalmente seguir al Movimiento de Oración) será una reconstrucción social y una reforma bíblica ¡que transformará nuestras ciudades! Una reforma bíblica vendrá a las naciones! Y vendrá como resultado del obrar del movimiento de oración inspirado por el Espíritu Santo en naciones que van a reavivar la Iglesia y van a causar que ella trabaje para establecer los principios del reino de Dios "en la Tierra como es en el cielo". La única otra alternativa será que las naciones aprenderán justicia como resultado del juicio de Dios (Isaías 26:9), por ejemplo, la antigua Unión Soviética.

La Biblia nos enseña en Juan 1:1 que Dios era la Palabra, pero no quedó siendo la Palabra. Juan 1:14 nos dice que la Palabra se hizo carne y habitó entre nosotros.

Siempre que Dios está a punto de hacer algo, siempre comienza en el reino espiritual y luego se manifiesta en el reino físico.

> Por la fe entendemos que el universo fue formado por la palabra de Dios, de modo que lo visible no provino de lo que se ve.
> —Hebreo 11:3

Lo que estoy haciendo en este capítulo es llevar el tema del reino de la oración, alabanza y del movimiento apostólico profético a su extremo. Creo que como líderes cristianos debemos empezar a hacernos la pregunta (para citar a Francis Schaeffer): "¿entonces cómo deberíamos vivir?". Si Jesús es Señor sobre el gobierno civil, economía, educación, artes, medios de comunicación, ciencias y la Iglesia…en otras palabras ¿qué aspecto tendría nuestra comunidad, nuestra ciudad, nuestra nación (y qué sería necesario para hacer ocurrir esto?) ¿si Jesús fuera Señor sobre nuestro sistema y estructura económico, político, educacional y religioso? Podrías decir "esto no es para pensarlo yo, si Dios quiere hacerlo, Él simplemente lo hará". ¡Con esta clase de actitud solamente estamos incumpliendo la responsabilidad que Dios nos dio en Génesis 1:26-28 de tener la tutela sobre la Tierra! También va en contra del tema de conjunto de las Escrituras: Dios no va a hacer lo que nos ha mandado hacer a nosotros. ¡Si no trabajamos, tampoco comemos! Si no creemos, perecemos. ¡Lo que sembramos, cosecharemos!

> Los cielos le pertenecen al Señor, pero a la humanidad le ha dado la tierra.
>
> —Salmo 115:16

En vez de orar sólo ambiguamente por avivamiento, debemos comenzar no solamente a orar específicamente con el final en mente, sino también a posicionarnos como iglesia para ser capaces de tomar el liderazgo después de un despertar espiritual en nuestras ciudades. Esto no solamente significa orar, sino entrenar y levantar a creyentes en liderazgo con una visión del mundo que sea bíblica en todas las facetas de la sociedad, para que después de que nos alcance el avivamiento ¡tengamos un odre capaz de retener el vino que Dios derrama! De otra manera, experimentaremos lo que ocurrió en el avivamiento de Gales al comienzo de los 1900. (¡Después de un increíble avivamiento de tres años, pareció como si el avivamiento nunca hubiera tenido lugar!)

Para evitar la efectividad temporal del avivamiento, necesitamos estructurar un 'odre bíblico' que tenga una esfera más amplia que sólo la esfera eclesiástica. Debe ser un odre que tenga respuestas y liderazgo para cada esfera de la vida de manera que no sólo tratemos con el pecado individual, sino con todo el sistema. Es un error sólo enfatizar la soteriología (la salvación personal) y descuidar la cosmología (la ley universal).

Cuando Dios estaba tratando con Jonás, no sólo estaba preocupado por las almas de aquellos bajo condenación, sino también por el ganado—el ganado representa sus recursos económicos—(ver Jonás 4:11). Los demonios pidieron a Jesús en Marcos 5 que les mandara a los cerdos porque eso les habría dado un pie firme en la base económica de los habitantes gadarenos. Jesús quiere que superemos las puertas del Hades, ¡no sólo los demonios individuales!

La conclusión de este capítulo es esta: ¿estamos buscando solamente un avivamiento, o estamos buscando una reforma bíblica en las naciones que reconozca el señorío de Cristo y establezca el reino de Dios en cada faceta de la sociedad? ¿Estamos felices sólo con buenas reuniones, actividades espirituales, manifestaciones y santos entusiastas, o queremos un cambio permanente para nuestras comunidades? ¿Queremos solamente que millones acepten a Cristo como Salvador personal sin ver a Jesús como su Señor en su vida cotidiana? (Esto resulta en cristianos con una visión mundial que sólo apoya las estructuras paganas actuales).

CAPÍTULO 11

¿ESTÁS VIVIENDO EN UN GUETO?

En capítulos anteriores ya hemos tratado el tema de la Iglesia que separa lo natural y lo espiritual en su visión del mundo, resultando en una relación platónica con Dios y su evangelio. En este capítulo vamos a examinar las consecuencias de la Iglesia que abraza solamente una visión del mundo espiritual utópica.

Como ya he escrito, el reino de Dios no es la Iglesia. La Iglesia está dentro del reino; el reino de Dios incluye mucho más que solamente la Iglesia: ¡significa el gobierno de Dios sobre toda la creación!

Vamos a examinar la palabra. Hace una generación, el gueto era un barrio en Europa donde se les exigía vivir a todos los judíos. Ahora se refiere a un lugar donde solamente los pobres están obligados a vivir, porque no tienen los medios de evadirse las penurias de su entorno.

En este capítulo uso el término para explicar que la Iglesia se limita a sí misma sólo a los aspectos espirituales del planeta. La Iglesia, debido a un entendimiento muy estrecho de la Biblia, solamente ha estado predicando el "evangelio". Sin embargo, somos llamados a predicar no sólo el evangelio, sino también el evangelio del reino. (El evangelio solamente son las buenas nuevas de que Jesús puede salvarte, ¡pero también incluye el gobierno de Dios sobre toda la sociedad y requiere que todas las personas so sometan al señorío de Cristo!)

Así que el reino de Dios en la Tierra es esto: *El reino de Dios.*

> Del Señor es la tierra y todo cuanto hay en ella, el mundo y cuantos lo habitan.
>
> —SALMO 24:1

Aunque el reino de Dios conlleva implicaciones para toda la Tierra (incluido el medio ambiente), la iglesia evangélica actual se preocupa primordialmente con cosas referentes a la esfera eclesiástica (la Iglesia). ¡El resultado es que limitamos grandemente el impacto del evangelio y nos *"guetoizamos"* en un pequeño componente del planeta Tierra!

LA IGLESIA PRESENTE   LA IGLESIA FUTURA

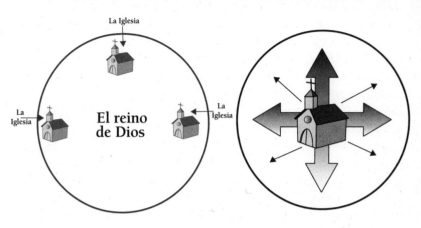

Los apóstoles y los profetas de hoy sólo enfatizan la esfera eclesiástica. Estamos solos en una esquina desapercibida de la creación (hasta nos han concedido una pequeña sección en la sección religiosa de nuestro periódico diario, lo cual ilustra claramente cómo el mundo margina a los creyentes). El sistema mundial simplemente no es amenazado cuando tenemos nuestras grandes iglesias o grandes cruzadas evangelísticas, porque nuestro evangelio trata ante todo de la piedad y salvación personal. (A ellos realmente les gusta la idea de tener gente con moral agradable que avanzan en su visión del mundo pagana y humanista).

Los cristianos en este país raramente son perseguidos porque no tenemos un evangelio que sea completo. Tratamos a Jesús como si fuera solamente el Señor de la Iglesia. En el momento en que comencemos a predicar el evangelio del reino proclamando el señorío de Cristo en los gobiernos civiles, en la economía, en la ciencia y la educación, entonces es cuando el conflicto se pondrá caliente y pesado. ¡Entonces es cuando veremos las puertas del infierno desafiadas!

Necesitamos ampliar el paradigma bíblico que actualmente tenemos de los cinco ministerios (apóstoles, profetas, evangelistas, maestros y pastores) para incluir la preocupación que Dios tiene por toda su creación. (Haití no solamente necesita otra cruzada evangelística; Haití lo que necesita es echar fuera el espíritu de brujería y de la pobreza, y conseguir gente apostólica que utilice proyectos bíblicos para reconstruir la nación completa).

En el próximo mover de Dios, los apóstoles y profetas estarán implicados en toda la creación, no solamente en la Iglesia, porque el reino de Dios incluye toda la vida. Vamos a ver apóstoles y profetas en ciencia, gobierno, economía, tecnología, negocios, artes e incluso en el ejército. Alguien podrá decir: "¡muéstrame esto en la Biblia!". Moisés fue llamado profeta, aunque no solamente pasaba tiempo con Dios en la montaña; él bajó de la montaña y administró el sistema político, social, económico, militar y levítico de Israel.

José, que fue llamado profeta, en el fondo se convirtió en el primer ministro de Egipto y salvó a la nación porque sus dones proféticos incluían la palabra de sabiduría para la economía y la gestión de recursos. (Necesitamos gente profética que no sólo nos hablen de nuestros pecados, sino también de cómo invertir nuestro dinero en Wall Street). El profeta Daniel fue el segundo del gobierno de Nabucodonosor y probablemente fue quien administró el país mientras Nabucodonosor estuvo durante siete años con su dieta de hierbas (ver Daniel 4). Obviamente su ministerio profético tenía mayores implicaciones apostólicas que envolvían mucho más que solamente orar en su casa tres veces al día (Daniel 6:10).

Yo creo que Nehemías es un gran precursor del Antiguo Testamento de lo que se trata ser apóstol del Nuevo Testamento. Al reconstruir las murallas de Jerusalén funcionó como un constructor maestro que integró muchos aspectos de la vida (las áreas sociales, políticas, económicas y religiosas del pueblo judío). Su ministerio era tan amplio que también abarcaba una dispensa personal del rey Darío para supervisar al bivocacional equipo judío de construcción, que tenía pluriempleo, como también los militares.

Para reconstruir Jerusalén, Dios usó la triada dinámica de Nehemías (un líder político y económico), Esdras (que representaba el clero eclesiástico) y Ester (una persona laica que ganó el concurso de belleza de Miss Irán). El tiempo no me permite tratar con Abraham, los jueces de Israel, Samuel, los reyes de Israel y la enseñanza de los profetas menores. Adán, por supuesto, es el mayor ejemplo bíblico de la naturaleza integral del reino que abarca todo. Adán caminó con Dios, pero como administrador del planeta Tierra era un experto de la vida animal (un zoólogo que dio nombre a todos los animales) y de la flora (botánico); fue campesino, pastor y probablemente astrónomo y profesor. Tuvo que enseñar a sus hijos los caminos del Señor, además de cómo sobrevivir y gestionar el planeta.

En el Nuevo Testamento no vemos el concepto tan elaborado, aunque el marco teológico del evangelio del reino es fuerte. No lo vemos completamente elaborado en toda la sociedad, porque el movimiento de la Iglesia estaba en su etapa infantil y necesitaba algún tiempo para infiltrar toda la sociedad y establecer el reino de Dios.

Sin embargo, el Nuevo Testamento sí muestra algo de esto. En Hechos 13:1-2 el equipo de liderazgo racialmente integrado de Antioquía incluía a dos hombres negros (Simeón y Lucio), un inmobiliario (Bernabé, ver Hechos 4:36-37), una persona con inteligencia política y contactos (Manaén) y un antiguo líder religioso del judaísmo e intelectual (Saulo). Esto pavimentó el camino para que el evangelio pudiera alcanzar todos los aspectos de la sociedad en Antioquía, que dividía su ciudad conforme a límites raciales. Antes de esto la Iglesia solamente era multilingüe; ¡ahora era multirracial! ¡Ahora la Iglesia tenía la habilidad de infectar a toda Antioquía y luego—usando Antioquía como modelo—a todo el mundo!

Además, Pablo como un constructor maestro, incluyó en su estrategia evangelística la meta de ganarse a las personas políticamente más inteligentes e influyentes de las áreas urbanas. Las siguientes referencias de la Palabra nos ilustran esto:

- Un gobernador político (Hechos 13:6-12)
- Un líder religioso (Hechos 14:13)
- Un empresario (Hechos 16:14)
- La mujer líder de la ciudad (Hechos 17:4)
- Empresarios (Hechos 18:1-3)
- Líderes filosóficos (Hechos 19:9)
- Mujeres distinguidas (Hechos 17:12)
- Líderes filosóficos y maestros (Hechos 17:19)
- Jefe de los líderes religiosos (Hechos 18:8; 17)
- Jefes líderes de Asia (Hechos 19:31)
- Dos gobernadores (Hechos 24:25; 25:12)
- Un rey (Hechos 26:1-8)
- El César (Hechos 25:10-11)

Como podemos ver en el Nuevo Testamento, ¡Pablo tenía mucho éxito en alcanzar al máximo liderazgo en cada región donde el ministraba! (ver también Filipenses 1:13; 4:22, Romanos 16:23). Pablo influenciaba a los más altos niveles de gobierno. (Erasto era probablemente el promotor de urbanismo o alcalde de la ciudad). Además vemos que el ministerio de Pablo trastornaba no sólo los sistemas religiosos de su época, sino que también afectaba a los sistemas políticos sociales y económicos y a su liderazgo.

> Pero los judíos incitaron a mujeres muy distinguidas y favorables al judaísmo, y a los hombres más prominentes de la ciudad, y provocaron una persecución contra Pablo y Bernabé. Por tanto, los expulsaron de la región.
>
> —HECHOS 13:50

> Señores, ¿por qué hacen esto? Nosotros también somos hombres mortales como ustedes. Las buenas nuevas que les anunciamos es que dejen estas cosas sin valor y se vuelvan al Dios viviente, que hizo el cielo, la tierra, el mar y todo lo que hay en ellos.
>
> —HECHOS 14:15

> Cuando los amos de la joven se dieron cuenta de que se les había esfumado la esperanza de ganar dinero, echaron mano a Pablo y a Silas y los arrastraron a la plaza, ante las autoridades.
>
> —HECHOS 16:19

> Al amanecer, los magistrados mandaron a unos guardias al carcelero con esta orden: «Suelta a esos hombres.» El carcelero, entonces, le informó a Pablo: Los magistrados han ordenado que los suelte. Así que pueden irse. Vayan en paz. Pero Pablo respondió a los guardias: ¿Cómo? A nosotros, que somos ciudadanos romanos, que nos han azotado públicamente y sin proceso alguno, y nos han echado en la cárcel, ¿ahora quieren expulsarnos a escondidas? ¡Nada de eso! Que vengan ellos personalmente a escoltarnos hasta la salida. Los guardias comunicaron la respuesta a los magistrados. Éstos se asustaron cuando oyeron que Pablo y Silas eran ciudadanos romanos, así que fueron a presentarles sus disculpas. Los escoltaron desde la cárcel, pidiéndoles que se fueran de la ciudad.
>
> —HECHOS 16:35-39

> Pero como no los encontraron, arrastraron a Jasón y a algunos otros hermanos ante las autoridades de la ciudad, gritando:

«¡Estos que han trastornado el mundo entero han venido también acá, y Jasón los ha recibido en su casa! Todos ellos actúan en contra de los decretos del emperador, afirmando que hay otro rey, uno que se llama Jesús.» Al oír esto, la multitud y las autoridades de la ciudad se alborotaron.

—Hechos 17:6-8

Por aquellos días se produjo un gran disturbio a propósito del Camino. Un platero llamado Demetrio, que hacía figuras en plata del templo de Artemisa, proporcionaba a los artesanos no poca ganancia. Los reunió con otros obreros del ramo, y les dijo: Compañeros, ustedes saben que obtenemos buenos ingresos de este oficio. Les consta además que el tal Pablo ha logrado persuadir a mucha gente, no sólo en Éfeso sino en casi toda la provincia de Asia. Él sostiene que no son dioses los que se hacen con las manos. Ahora bien, no sólo hay el peligro de que se desprestigie nuestro oficio, sino también de que el templo de la gran diosa Artemisa sea menospreciado, y que la diosa misma, a quien adoran toda la provincia de Asia y el mundo entero, sea despojada de su divina majestad. Al oír esto, se enfurecieron y comenzaron a gritar: ¡Grande es Artemisa de los efesios! En seguida toda la ciudad se alborotó. La turba en masa se precipitó en el teatro, arrastrando a Gayo y a Aristarco, compañeros de viaje de Pablo, que eran de Macedonia. Pablo quiso presentarse ante la multitud, pero los discípulos no se lo permitieron. Incluso algunas autoridades de la provincia, que eran amigos de Pablo, le enviaron un recado, rogándole que no se arriesgara a entrar en el teatro. Había confusión en la asamblea. Cada uno gritaba una cosa distinta, y la mayoría ni siquiera sabía para qué se habían reunido. Los judíos empujaron a un tal Alejandro hacia adelante, y algunos de entre la multitud lo sacaron para que tomara la palabra. Él agitó la mano para pedir silencio y presentar su defensa ante el pueblo. Pero cuando se dieron cuenta de que era judío, todos se pusieron a gritar al unísono como por dos horas: ¡Grande es Artemisa de los efesios! El secretario del concejo municipal logró calmar a la multitud y dijo: Ciudadanos de Éfeso, ¿acaso no sabe todo el mundo que la ciudad de Éfeso es guardiana del templo de la gran Artemisa y de su estatua bajada del cielo? Ya que estos hechos son innegables, es preciso que ustedes se calmen y no hagan nada precipitadamente. Ustedes han traído a estos hombres, aunque ellos no han cometido ningún sacrilegio ni han blasfemado contra nuestra diosa. Así que si Demetrio y sus compañeros de oficio tienen alguna queja contra alguien, para eso hay tribunales y gobernadores. Vayan y presenten allí sus acusaciones unos contra otros. Si tienen alguna otra demanda, que se resuelva en legítima asamblea. Tal y como están las cosas, con los sucesos de hoy corremos el riesgo de que nos acusen de causar disturbios. ¿Qué razón podríamos dar de este alboroto, si no hay ninguna? Dicho esto, despidió la asamblea.

—HECHOS 19:23-41

Cuando estaban a punto de cumplirse los siete días, unos judíos de la provincia de Asia vieron a Pablo en el templo. Alborotaron a toda la multitud y le echaron mano, gritando: «¡Israelitas! ¡Ayúdennos! Éste es el individuo que anda por todas partes enseñando a toda la gente contra nuestro pueblo, nuestra ley y este lugar. Además, hasta ha metido a unos griegos en el templo, y ha profanado este lugar santo.» Ya antes habían visto en la ciudad a Trófimo el efesio en compañía de Pablo, y suponían que Pablo lo había metido en el templo. Toda la ciudad se alborotó. La gente se precipitó en masa, agarró a Pablo y lo sacó del templo a rastras, e inmediatamente se cerraron las puertas. Estaban por matarlo, cuando se le informó al comandante del batallón romano que toda la ciudad de Jerusalén estaba amotinada. En seguida tomó algunos centuriones con sus tropas, y bajó corriendo hacia la multitud. Al ver al comandante y a sus soldados, los amotinados dejaron de golpear a Pablo. El comandante se abrió paso, lo arrestó y ordenó que lo sujetaran con dos cadenas. Luego preguntó quién era y qué había hecho. Entre la multitud cada uno gritaba una cosa distinta. Como el comandante no pudo averiguar la verdad a causa del alboroto, mandó que condujeran a Pablo al cuartel.

—HECHOS 21:27-34

Algunas instantáneas históricas

Los siguientes son ejemplos de hombres que funcionaron como apóstoles y profetas del reino, aunque en realidad no hayan usado el título.

San Agustín (345-430)

África ya había dado dos otros grandes líderes a la Iglesia: Cipriano y Tertuliano. En respuesta a las acusaciones de que el Imperio Romano fue destruido porque los dioses paganos estaban molestos por Roma haber abrazado el cristianismo, San Agustín escribió tal vez el libro más influyente in la historia de la Iglesia (fuera de la Biblia), *La ciudad de Dios*.[1] En este libro nos da un cuadro teológico para la "ciudad en el monte", una ciudad que trabajaba por el reino de Dios en todas las facetas de la sociedad. Este libro fue muy influyente en las vidas de muchos de los grandes reformadores, incluyendo a Juan Calvino, Carlomagno y Abraham Kuyper (primer ministro de los Países Bajos de 1901-1905). Sus enseñanzas ayudaron a dar forma a toda la cristiandad occidental.

John Knox (1505-1572)

¡En el año después de volver John Knox a Escocia (desde 1559 hasta 1560), el parlamento escocés decretó un cambio de religión del catolicismo al protestantismo! Las predicaciones de Knox eran poderosas. Dondequiera que el predicara le seguían fiestas iconoclásticas (el rompimiento de estatuas religiosas). ¡Sus predicaciones afectaron la atmósfera social, política, económica y religiosa de su nación!

Juan Calvino (1509-1564)

A partir del estudio de las Escrituras, Calvino se dio cuenta que la gloria de Dios supone más que salvar las almas. ¡Él creía que el mundo es el mundo de Dios! Por eso no solamente en entrenar a ministros, sino también a empleados del gobierno, doctores y abogados. Él creía que todos los que reconocían y honraban a Dios necesitaban un entrenamiento. Estableció la primera universidad protestante: la Academia de Ginebra. (No tardó mucho en que el rey de Francia mandara un aviso oficial quejándose de todos los predicadores que venían de esta universidad). Desde 1555, Calvino se convirtió en el líder de la ciudad de Ginebra, Suiza. Bajo su liderazgo Ginebra aprobó leyes que estaban diseñadas para guiar cada aspecto de la vida para sus ciudadanos. Él modeló la ciudad según el libro de San Agustín *La ciudad de Dios*.

Abraham Kuyper (1837-1920)

Uno de los héroes de la fe olvidados entre los evangelistas de hoy es Abraham Kuyper. Siendo un ministro liberal, se convirtió a través de conversaciones con una anciana dama piadosa y fue revolucionado por los escritos de Calvino y San Agustín. Así como el libro *La ciudad de Dios* inspiró a Carlomagno, al papa Gregorio VII y a Calvino, así inspiró a Kuyper. Él no sólo trabajó para restaurar la Iglesia, sino también para aplicar los principios del cristianismo a toda área de la vida (política, social, industrial

y cultural como también la eclesiástica). Organizó un partido
político cristiano y entró en el parlamento holandés.

En 1880 fundó en Ámsterdam una universidad libre basada en
principios de la Reforma (se llamó libre porque era libre del control de la Iglesia y del estado). Su influencia fue tan grande que
se convirtió realmente en Primer Ministro de los Países Bajos
desde 1901-1905. Kuyper predicó, fue orador, enseñó, participó
en los debates del parlamento y escribió. Sus escritos eran tan
profundos que muchos miles aprendieron holandés para leer los
libros de Kuyper en el idioma original. Él inspiró a miles, no solamente a llevar la bandera de la cruz en el evangelismo, sino
también a llevar el señorío de Cristo al campo de la educación y
la política para la reforma social. Tenía un equilibrio saludable
de enfatizar doctrina bíblica sana mientras que al mismo tiempo
animaba a la gente a implicarse en todos los aspectos de la sociedad. Creía en la separación de la Iglesia y el Estado (la Iglesia
no debería llevar el gobierno), pero no creía en la separación de
la ley de Dios del gobierno estatal y civil. Gracias a Kuyper, Ho-
landa experimentó un avivamiento maravilloso.

John Witherspoon (1722-1794)

Vino a Estados Unidos en 1768 para ser el presidente del
Princeton College. Ha sido llamado el profesor de historia estadounidense más influyente, no sólo por su retórica poderosa,
sino también por el número de líderes que entrenó y envió. Nueve
de los cincuenta y cinco participantes en la Convención Federal
fueron sus estudiantes (incluido James Madison). Además entre
sus pupilos hubo un presidente, un vicepresidente, veintiún se-
nadores, veintinueve representantes y cincuenta y seis legisla-
dores de estado; treinta y tres jueces, tres de los cuales ejercieron
en la Corte Suprema. Él fue el único clérigo que firmó la Declaración de la Independencia.[2]

Charles Simeon (1759-1836)

Charles Simeon pastoreó durante cincuenta y cuatro años. Escribió libros, mentoreó a numerosos líderes espirituales, comisionó
a capellanes y desafió a hombres como Henry Martín a trabajar en
las misiones. Durante cincuenta años se encontró semanalmente
con William Pitt, William Wilberforce y otros para abolir la esclavitud. El parlamento británico abolió la esclavitud en 1807.[3]

Charles Finney (1792-1875)

Este gran evangelista estadounidense fue el catalizador del Segundo Gran Despertamiento y parte integral del Tercer Gran Despertamiento. Su ministerio no solamente tocó a la clase trabajadora, sino que también tuvo un gran impacto en muchas personas influyentes, especialmente entre doctores, abogados y jueces (examina el avivamiento de Rochester en 1830-1831). Muchos de sus conversos salieron, se involucraron en reformas sociales y fueron las abogados líderes del movimiento abolicionista (personas como Theodore Weld). Finney se convirtió en presidente del 'Oberlin College' y tuvo como su motivación para el ministerio el establecimiento del reino de Dios en la Tierra.

Hay miles de otros que podríamos haber usado como ejemplos de cómo Dios ha usado liderazgo cristiano para dar forma al mundo entero. La historia nos muestra claramente que según va la Iglesia, así va el mundo. La historia también nos muestra como el evangelio afecta a la economía de una nación. La mayoría de los países más pobres en el mundo son países que se encuentran en la ventana 10/40 (las naciones donde el evangelio no se predica libremente).

Los países budistas, hindúes e islámicos suponen el 85 por ciento de los países más pobres del mundo. Aquellos países que más fueron influenciados por la Reforma Protestante son actualmente los países más prósperos y tecnológicamente avanzados en la Tierra, por ejemplo, los Estados Unidos, Canadá, Inglaterra, Francia y Alemania. (Me remito a *La ética protestante y el espíritu del capitalismo*[4] de Max Weber).

Los segundos países más prósperos son los que se mantuvieron primordialmente católicos. Todo esto prueba la veracidad del Salmo 67:5-7 que dice ¡que Dios bendice a un país en proporción a las personas que le alaban! ¡Prospera a su pueblo en todos los sentidos para que Él pueda establecer su pacto en la tierra!

> Recuerda al Señor tu Dios, porque es él quien te da el poder para producir esa riqueza; así ha confirmado hoy el pacto que bajo juramento hizo con tus antepasados.
> —DEUTERONOMIO 8:18

La historia es verdaderamente la revelación de los propósitos de Dios. Es una lección en filosofía moral y ética del reino, no solamente son hechos y sucesos puros y duros. La historia es verdaderamente su historia llevada a cabo en la Tierra.

Cómo la Iglesia se hizo irrelevante para la sociedad

Hasta los 1880, en el cristianismo protestante era común tener una visión bíblica del mundo que abarcaba cada aspecto de la vida. ¿Qué ocurrió? Para resumirlo brevemente, permíteme parafrasear del libro de Donald Dayton, *Discovering an Evangelical Heritage* (Descubrir una herencia evangélica)[5] y dar algunas de mis observaciones.

Doce razones por qué la iglesia evangélica huyó de las ciudades, abandonó la reforma social y se preocupó demasiado solamente con la salvación individual

1. Después de ser salvas, la disciplina y un estilo de vida reordenado capacitó a las personas convertidas a prosperar y ascender de clase social; un proceso que resultó en una iglesia de clase media que se volvió egocéntrica, se olvidó de sus raíces y se convirtió en lo que la Iglesia originalmente estaba en contra.

2. La destrucción durante la Guerra Civil causó que el Cuerpo de Cristo abandonara sus altas expectativas de establecer el reino de Dios y quitó mérito a su impulso reformador.

3. Después de que la esclavitud fuera abolida, la "cruzada de templanza" (no fumar, no beber, no jugar) tomó el centro de atención, lo cual se tradujo en más preocupación por la pureza y santidad personal y en un cristianismo introvertido, que resultó en un énfasis interno e individualista.

4. La masiva urbanización (la gente mudándose a ciudades del interior) y la industrialización trajeron problemas demasiado complejos para la visión avivadora de la reforma.

5. Las olas de inmigración trajeron a muchas personas que no tenían lugar en el sueño de un Estados Unidos cristiano protestante.

6. Los ataques en aumento desde fuera de la Iglesia como el auge de la crítica bíblica (los llamados "expertos" que cuestionaban la autenticidad y la fiabilidad de la Biblia) y el darwinismo (la teoría de la evolución) con su ataque a la visión bíblica del origen del hombre causó al protestantismo volverse cada vez más interior para cuidar de lo que quedaba de sus sueños de un Estados Unidos cristiano.

7. Después del horror de la Guerra Civil, la escatología (la enseñanza bíblica de las cosas futuras) cambió hacia una visión hiperdispensionalista del premilenialismo, una creencia que no permite una iglesia victoriosa que efectúe un cambio de la sociedad duradero, sino que más bien sólo ve las condiciones empeorar para la Iglesia y el mundo. Esta creencia resulta en una iglesia incapaz, que va a ser arrebatada justo antes de que el Anticristo tome posesión del mundo; más tarde ocurrirá la segunda venida de Cristo.

   En vez de que la esperanza del evangelio causara cambios en la sociedad, se hizo dominante un gran énfasis en el poder de Satanás y del pecado, siendo el Rapto la ¡única esperanza para la Iglesia! Esto por supuesto resultó en que la visión de la reforma social fuera reemplazada por una Iglesia ¡que buscaba más la Segunda Venida y ser rescatada de este mundo malo!

   Permíteme ser claro en este punto. Puedes ser premilenianista, creer que el reino del milenio de Dios vendrá después de la vuelta física de Jesús a la tierra ¡y aun así tener una visión victoriosa de la iglesia futura!

8. El surgimiento del premilenialismo dispensacionalista extremo resultó en una ola de emoción sobre la profecía. Entonces la iglesia evangélica empleó mucha de su energía en estudiar la Biblia en cuanto a las señales de los últimos tiempos y en incontables "conferencias proféticas" (por consiguiente descuidando la

reforma social). ¿Por qué deberías intentar reformar la sociedad y construir para futuras generaciones si piensas que de todas maneras el Anticristo va a tomar posesión de todo?

9. Los evangelistas antes de la Guerra Civil fundaron universidades de filosofía y letras (*liberal arts colleges*). Los avivadores de la postguerra fundaron institutos bíblicos (no acreditados con el Estado porque sólo enseñan la Biblia y omiten los estudios no bíblicos). Este concepto de la posguerra civil de no incluir las humanidades en los institutos bíblicos perpetuaron todavía más la división entre lo espiritual y vivir nuestra fe de una manera práctica en el mundo natural.

10. El ascenso del fundamentalismo y del dispensacionalismo produjeron un extremo énfasis en la soberanía de Dios que inhibió el balance bíblico de la responsabilidad humana. Por ejemplo, desde una visión extrema de la soberanía de Dios, si alguien es pobre, esclavo o inconverso, es porque es supuestamente la voluntad de Dios; no hay nada que la Iglesia pueda o deba hacer al respecto. Ayudando a los pobres, estarías luchando contra la suerte que Dios ordenó para ellos. Al predicar el arrepentimiento, estás quitándole mérito a la gracia de Dios y eres culpable de predicar la salvación por obras.

11. Al reescribir la historia de la Iglesia, los editores evangélicos modernos empezaron a eliminar nuestras referencias de la reforma social. Por ejemplo, ciertos mensajes de Finney, Moody e incluso las enseñanzas históricas de las escuelas evangélicas (como el Wheaton College) y del movimiento como el de los metodistas de Wesley—que se dividieron del metodismo principal por el tema de la esclavitud—o bien fueron completamente omitidos o descaradamente ignorados.

12. El juicio de Scopes Monkey humilló de tal manera a la iglesia evangélica fundamentalista (ganaron el proceso judicial, pero perdieron el proceso de opinión pública) que los años 1920 vieron un éxodo masivo

de evangélicos fundamentalistas del interior de las ciudades. Hasta el día de hoy, la mayoría de las escuelas bíblicas, las megaiglesias y los cristianos evangélicos viven en los suburbios, aunque hoy más de la mitad de la población actual de los Estados Unidos vive en las ciudades (cerca del 51 por ciento). ¡En los próximos veinte años, el 75 por ciento de nuestra población vivirá en los barrios céntricos de las ciudades! Por consecuencia, la reforma social se dejó en manos de los modernistas y cristianos liberales, porque ellos se quedaron en los barrios del centro de las ciudades.

Hasta el día de hoy, muchos santos evangélicos piensan que si trabajamos por una reforma social estamos predicando un "evangelio social", un término considerado anatema en muchos institutos bíblicos fundamentalistas, porque un evangelio social es equiparado principalmente con un cristianismo liberal. (Como mencioné antes, las mismas personas probablemente viven en un barrio bonito de los suburbios. ¡El mero hecho de que dan gracias a Dios por su buena casa, buen coche y buen vecindario muestra que ellos creen en un evangelio social!)

Creo que pronto llegará el día cuando verdaderos apóstoles, profetas y ministros de Dios van a liderar el camino hacia la reforma social, porque se van a dar cuenta que solamente el evangelio tiene el proyecto para una sociedad sana. Saliendo del montón de cenizas del fracaso debido a la dependencia de filosofías humanísticas, hasta los líderes civiles comenzarán a buscar respuestas de los ministerios apostólicos exitosos (ministerios que no solamente van a liberar a un drogadicto, sino que también van a dar la vuelta a comunidades enteras y estarán implicados en la reconstrucción social usando la Palabra de Dios como guía).

En la manera que los problemas de los barrios del centro de la ciudad comiencen a extenderse a los suburbios, las iglesias de este milenio que sólo predican un evangelio unidimensional e individualista (en vez del evangelio del reino) lo van a tener difícil para sobrevivir, debido a la insuficiencia de sus mensajes y métodos. (¡Los desafíos sociales lo van a hacer más obvio que el alquitrán en la nieve!) Personalmente creo en el evangelio completo, no solamente en el hablar en lenguas y caer bajo el poder de Dios, ¡sino el evangelio completo para el hombre completo y para la comunidad completa que impacte la ciudad y nación entera!

En conclusión: vuelvo a decir, ¿no es esto donde todo este movimiento de oración unido y estratégico está dirigido? ¡Crees que Dios responde a las oraciones? ¿Crees que Dios ha guiado al Cuerpo de Cristo a nivel nacional a involucrarse en Conciertos de Oración, Marchas para Jesús, caminatas de oración y mapeo espiritual? ¿Cuál es el propósito de todo esto excepto que el cristianismo influencie en cada nivel de la sociedad? En otras palabras ¡la meta de varios movimientos de unidad es el señorío de Cristo sobre cada aspecto de nuestro país! Y éste es ningún otro que la encarnación de del reino de Dios. Es una respuesta a como Jesús nos dijo que oremos en Lucas 11:2: "Él les dijo: Cuando oréis, decid: Padre nuestro que estás en el cielo, santificado sea tu nombre. Venga tu reino. Hágase tu voluntad en la Tierra como en el cielo". Creo que esto es lo que la próxima ola nos va a traer, ¡lo cual será una reforma apostólica verdadera!

CAPÍTULO 12

La reforma apostólica venidera

El término *ministerio quíntuple* es simplemente una manera más fácil de decir todos los dones ministeriales mencionados en Efesios 4:11 (apóstoles, profetas, pastores, maestros y evangelistas). Aunque mucho se ha dicho y una luz tremenda se ha puesto en este asunto, hay todavía una limitación en estos dones ministeriales como resultado de la "mentalidad de gueto" de la Iglesia. Vamos a empezar examinando Efesios 4:7-11:

El propósito de los cinco ministerios

Pero a cada uno de nosotros se nos ha dado gracia en la medida en que Cristo ha repartido los dones. Por esto dice: «Cuando ascendió a lo alto, se llevó consigo a los cautivos y dio dones a los hombres.» (¿Qué quiere decir eso de que «ascendió», sino que también descendió a las partes bajas, o sea, a la tierra? El que descendió es el mismo que ascendió por encima de todos los cielos, para llenarlo todo.) Él mismo constituyó a unos, apóstoles; a otros, profetas; a otros, evangelistas; y a otros, pastores y maestros.

—Efesios 4:7-11

El verso 7 nos dice que todos recibimos gracia en la medida en que Cristo ha repartido los dones. Dado que todos queremos la Gracia de Dios, entonces debe ser importante para nosotros averiguar ¡lo que es ese don de Cristo"! Luego el verso 8 nos dice que cuando Cristo ascendió al cielo, dio "dones" a los hombres.

Así que sabemos dos cosas:

1. La gracia de Dios es dada a través de un cierto "don" de Cristo.

2. Estos dones fueron dados cuando Él ascendió a lo alto.

Vamos a indagar lo que son estos dones que reparten la gracia de Dios. El verso 11 tiene la respuesta. Estos dones que otorgan la gracia de Dios son apóstoles, profetas, pastores, maestros y evangelistas. Para aquellos entre vosotros que no piensan que ir a la iglesia es importante, ¡sé que lo que acabáis de leer fue como un shock para vosotros! La Biblia no sólo nos ordena tener comunión en una iglesia (Hebreos 10:25), sino que en realidad también nos dice en este pasaje que a menos que estemos asentados bajo un verdadero ministerio de los cinco dones (para predicar, enseñar, discipular, visión, estrategia, gobierno adecuado y conceptos bíblicos), ¡estaremos omitiendo la gracia de Dios que necesitamos en nuestras vidas!

Alguien podría preguntar: "¿me estás diciendo que no puedo ir al cielo a menos que esté bajo la influencia de un ministerio de los cinco dones? Yo pensaba que la Biblia me enseña en Efesios 2:8-9, 'porque por gracia ustedes han sido salvados mediante la fe; esto no procede de ustedes, sino que es el regalo de Dios, no por obras, para que nadie se jacte', que soy salvo por gracia mediante la fe".

¡Espera aquí un momento! ¡No estoy hablando de ir al cielo! Al leer Efesios 4:12—"a fin de capacitar al pueblo de Dios para la obra del servicio, para edificar el Cuerpo de Cristo"—puedes ver que la gracia otorgada por el ministerio de los cinco dones no es gracia para salvación, sino gracia que nos hace madurar y nos equipa adecuadamente para el trabajo del ministerio. Leer un tratado del evangelio puede salvar a cualquiera. Pero la verdadera madurez que te capacite a ser suficientemente fuerte para salvar y capacitar a otros viene de Dios, trabajando mediante el ministerio de los cinco dones.

Además, la cantidad de gracia que recibas depende totalmente de "qué medida" de gracia tenga ese don de ministerio particular. (¡No todos los dones del ministerio ni han madurado completamente ni alcanzado su potencial!) Realmente puede haber alguien capacitado como apóstol en una región o en un país, en otra región los dones del ministerio y la medida de gracia que tienen es mucho más profunda, y así, en comparación, puede que no llegue al estándar regional de un apóstol. Hasta es posible que algunos profetas y maestros tengan más entendimiento apostólico y mayor unción apostólica que otros apóstoles de primera en la región! (porque todos los hombres apostólicos reproducen unción apostólica en otros dones ministeriales).

La plena estatura de Cristo

¿Cuándo serán innecesarios los cinco dones del ministerio?

De este modo, todos llegaremos a la unidad de la fe y del conocimiento del Hijo de Dios, a una humanidad perfecta que se conforme a la plena estatura de Cristo.

—Efesios 4:13

Obviamente este verso muestra que todavía tenemos necesidad de la función del ministerio de los cinco dones; esta necesidad del ministerio de los cinco dones continuará hasta que lleguemos a la plena estatura de Cristo. ¿Qué quiere decir "la plena estatura de Cristo"? Para comprender esto, volvamos a Efesios 1:9-11:

> Él nos hizo conocer el misterio de su voluntad conforme al buen propósito que de antemano estableció en Cristo, para llevarlo a cabo cuando se cumpliera el tiempo: reunir en él todas las cosas, tanto las del cielo como las de la tierra. En Cristo también fuimos hechos herederos, pues fuimos predestinados según el plan de aquel que hace todas las cosas conforme al designio de su voluntad.

Muchos creyentes están constantemente preguntándose cuál es la voluntad de Dios. Sólo permíteme proponer aquí que no puedes comenzar a saber tu propio destino o incluso redactar una declaración de misión personal ¡hasta que no sepas la misión de Dios para la cruz!

De nuevo en esto, y repitiendo algo dicho en un capítulo anterior, Jesús no murió en la cruz solamente para que tú puedas ir al cielo, sino para que pueda establecer su reino en el planeta Tierra. Esto está más elaborado en estos versos. El verso 9 nos dice que Dios ha revelado el misterio de su voluntad (la misión de Dios ya no debería ser un misterio. Su voluntad, sigue diciendo, estaba basada de acuerdo a su propósito intrínseco (automotivado). ¿Cuál es este propósito? (lo que es la meta final de Dios, adonde se está dirigiendo) Que en la administración de la plenitud (ahí está otra vez esta palabra) del tiempo Él pueda reunir todas las cosas en Cristo, tanto las del cielo como las de la Tierra. Ahí está, ¡esto es de lo que está hablando Efesios 4:13! Por eso es que Dios nos dio apóstoles, profetas, pastores, maestros y evangelistas. La causa fundamental de Dios—y no es que vaya a usar el ministerio quíntuple solamente para salvar almas—¡es para reunir todas las *cosas* en Cristo! Cosas no son solo almas, no solamente en el cielo, ¡sino las cosas en la Tierra! Recuerda que el salmista escribió que la Tierra es del Señor y la plenitud que hay en ella (¡ahí está de nuevo esa palabra *plenitud!*) (Salmo 24:1).

Cuando Jesús fue coronado Señor de todo, fue sobre la entera jurisdicción de Dios—no solamente la Iglesia—y esto incluye todas las "cosas". Todas las cosas incluye la Tierra, el medio ambiente, la política, la educación, la ciencia, la medicina, la asistencia sanitaria, las artes, el espacio, la economía, la justicia social y todas las ciencias filosóficas. "En Cristo" significa que la Tierra y el cielo estarán completamente en armonía, los dos alineados bajo el liderazgo de Cristo; entonces es cuando vamos a experimentar la medida de la estatura de ¡la plenitud de Cristo!

> Para que ante el nombre de Jesús se doble toda rodilla en el cielo y en la tierra y debajo de la tierra.
>
> —FILIPENSES 2:10

Todas las "cosas" deberán inclinarse ante el señorío de Cristo, no sólo los seres humanos. (Dado que Dios delegó el planeta Tierra a la humanidad, cuando el hombre se someta a Cristo todas las "cosas" bajo su custodia seguirán de todos modos).

Los paganos no deberían marcar el camino en ciencia, educación, lógica, ciencias filosóficas, leyes y el medio ambiente. La Iglesia debería marcar el camino, influenciando a todo el mundo, todas las personas y todos los recursos del mundo deberían estar bajo el señorío de Cristo. Entonces y sólo entonces los líderes expertos tendrán el equilibrio adecuado y las respuestas correctas con las cuales abordar las graves preocupaciones que tenemos política, social y económicamente, y también de medio ambiente en el planeta.

Debido a que la Iglesia ha sido acotada solamente a la porción eclesiástica del planeta, tenemos a científicos haciendo grandes progresos tecnológicos sin los controles y las directrices de la ética de Dios (por ejemplo, la ética de la clonación). En cambio, científicos de la evolución se han convertido en la conciencia de la sociedad, como una clase de sacerdotes naturalistas, incluso interpretando toda la realidad a través de una filosofía naturalista. El resultado será desastroso en la próxima generación si la Iglesia no se arrepiente y abraza la meta de "¡todas las cosas" de la cruz!

¿Quién llevará a cabo este plan de Dios?

Que Dios ejerció en Cristo cuando lo resucitó de entre los muertos y lo sentó a su derecha en las regiones celestiales, muy por encima de todo gobierno y autoridad, poder y dominio, y de cualquier otro nombre que se invoque, no sólo en este mundo sino también en el venidero. Dios sometió todas las cosas al dominio de Cristo, y lo dio como cabeza de todo a la iglesia. Ésta, que es su cuerpo, es la plenitud de aquel que lo llena todo por completo.

—EFESIOS 1:20-23

Cuando Jesús se levantó de los muertos, Él puso todas las "cosas" bajo sus pies y se convirtió en la cabeza de la Iglesia, la cual es su cuerpo, *¡la plenitud de aquel que lo llena todo por completo!*

¡La Iglesia es la plenitud terrenal de aquel que lo llena todo por completo! De acuerdo con este verso, Dios tiene planes para que la Iglesia sea la que llena todas las "cosas" y reconcilie todas las cosas bajo el señorío de Cristo. Nosotros somos sus agentes oficiales del cambio que con el tiempo usaremos el poderoso mensaje del evangelio del reino de Dios ¡para reunir a todas las culturas bajo su gobierno y reino! ¡Aleluya!

A continuación de este capítulo, leamos Efesios 4:10: "El que descendió es el mismo que ascendió por encima de todos los cielos, para llenarlo todo". Este verso nos dice que Jesús ascendió al cielo para que Él "llene todas las cosas".

El siguiente verso dice: "Él mismo constituyó a unos, apóstoles; a otros, profetas; a otros, evangelistas; y a otros pastores y maestros". Esto nos dice quien nos va a liderar y equipar a la Iglesia para que Jesús sea Señor sobre cada aspecto de la vida, para que pueda "llenar todas las cosas", ¡no solamente en el cielo, sino también en la Tierra!

Esto ahora esclarece aún más la interpretación adecuada de Efesios 4:12. El ministerio de los cinco dones obviamente no sólo está llamado a discipular y capacitar a personas para que sean predicadores eclesiásticos y ministros. Es para establecer la Iglesia e incluso enfocar el ministerio en capacitar a personas para llenar todas las cosas. El propósito de Efesios 4:11 (ministerio de los cinco dones) se encuentra en Efesios 4:10, "para que llene todas las cosas".

¡Un gran error que cometen muchos pastores es intentar

poner aparte a todos los que tienen potencial de liderazgo y hacer de ellos otro predicador! Algunos no son llamados a *predicar,* aunque sí son llamados a *liderar.* Uno de los resultados de que la Iglesia despierte a lo que es el evangelio del reino, es que la Iglesia será el centro de entrenamiento no solamente de pastores, ancianos, diáconos, ujieres y trabajadores de la escuela dominical. La Iglesia también comenzará a entrenar y capacitar a futuros políticos, médicos, abogados, jueces, trabajadores sociales, educadores, apologistas y economistas ("para que Él llene todo por completo").

La reforma apostólica venidera deberá resultar en colocar a liderazgo piadoso en cada faceta de la sociedad con una visión bíblica del mundo. Ahora mismo estamos perdiendo a algunos de nuestros mejores líderes a la política secular, a universidades y a corporaciones, ¡porque no hay espacio para ellos en el liderazgo actual de la Iglesia si no se sienten llamados a predicar! Estamos perdiendo a algunos de las personas más inteligentes del mundo a filosofías humanistas muertas porque muchos intelectuales están buscando una filosofía que armonice toda la vida como en una matriz. En vez de eso ven una iglesia que solamente es capaz de ofrecernos respuestas en el mundo espiritual, en ¡la dulce despedida al cielo!

Propongo que si alguien es verdaderamente apostólico, ¡entonces ya tiene la sabiduría, la estrategia y la gracia de discipular y levantar a personas que puedan liderar corporaciones como jefes ejecutivos, empresarios e incluso líderes de comunidades, estados y naciones (dependiendo de la medida de su gracia)!

Los pastores no solamente deberían edificar la comunidad en su iglesia promoviendo células; ¡también deberían ser los patriarcas de comunidades enteras! Los maestros no solamente deberían entrenar a futuros colaboradores de la iglesia dominical y a ministros laicos, sino también adoctrinar a futuros médicos (que rechazan practicar el aborto), a abogados y a profesores de universidad con una visión bíblica del mundo. Los evangelistas van a reclutar a miles, no solamente para que vayan al cielo, ¡sino que también sean capaces de "ver el reino" y convertirse en el ejército del reino para ser discípulos y llenar todas las cosas!

Algunos apóstoles y profetas no solamente plantarán y edificarán iglesias, sino que tendrán las estructuras para gestionar y reconstruir ciudades y naciones en ruinas. Si los ángeles pueden aprender de la Iglesia, ¡también el mundo puede!

> El fin de todo esto es que la sabiduría de Dios, en toda su diversidad, se dé a conocer ahora, por medio de la iglesia, a los poderes y autoridades en las regiones celestiales.
> —Efesios 3:10

Necesitamos a apóstoles hablándoles a reyes y presidentes (no solamente a pastores), a profetas sirviendo en consejos presidenciales, a maestros estructurando la política educacional de la nación. ¿Estás entendiendo la imagen? Nuestras escuelas bíblicas no solamente deberían dar a líderes potenciales la elección de ser entrenados en teología, homilética e historia de la Iglesia, sino también tener asignaturas facultativas en gestión de negocios, lógica, economía del reino, ciencias políticas, derecho, historia mundial y ciencia, todo con un punto de vista bíblico. (Creo que todas las escuelas e institutos bíblicos deberían estar bajo la dirección del ministerio quíntuple y en armonía con la iglesia local). ¡Los padres y las escuelas dominicales deberían dar a sus hijos una visión del mundo bíblica para contestar a la visión del mundo pagana con la que constantemente están siendo adoctrinados! ¡Contar historias bonitas de la Biblia que están desconectadas del propósito final de Dios de cristianizar al mundo ya no van a servir de nada! Cuando nuestros hijos estén confrontados con visiones del mundo paganas que abarcan toda la vida, es mejor que estén preparados para ello (o los podremos perder al mundo). Necesitamos estar especialmente interesados en los estudiantes de la edad universitaria y enseñarles una visión bíblica del mundo para que ellos puedan interpretar su educación correctamente y ser entrenados para el liderazgo del reino. (Doy gracias a Dios por Dr. David Noebel que lleva haciendo exactamente esto durante las tres últimas décadas en Summit Ministries).

Necesitamos desesperadamente entrenar a un liderazgo bíblico capacitado a fin de que esté preparado para entrar en acción en el momento indicado por Dios después de que el avivamiento golpee nuestras ciudades, ¡o los efectos del avivamiento venidero nunca van a permanecer! Si no hacemos esto ahora, entonces sólo estaremos preparando la próxima generación para un vino nuevo con un odre de décadas de edad ¡que no podrá sostener la próxima Reforma!

Tertuliano, el gran abogado del Norte de África, se burló del Imperio Romano con estas palabras: "Nosotros [la Iglesia] no somos más que de ayer, pero hemos llenado cada lugar entre vosotros—ciudades, islas, fortalezas, pueblos, mercados, el mismo campo, tribus, compañías, el palacio, el senado, el foro—no os hemos dejado nada más que los templos de vuestros dioses".[1]

Para citar a Dr. Ray Bakke, "Los primeros cristianos penetraron en toda la ciudad, pero no solamente reclamando espacio para edificios de iglesia o programas propios. ¡En vez de eso, ellos penetraron a todo el mundo![2]

CAPÍTULO 13

Diez cosas sobre el evangelio del reino

1. Incluye toda la verdad

Francis Schaeffer dijo: "Cuando digo que el cristianismo es verdad, me refiero a que es verdad al total de la realidad; el total de lo que es, comenzando por la realidad central, la existencia objetiva del Dios personal e infinito".[1]

Juan 18:37 relata la memorable conversación entre el Señor Jesús y Pilato:

> ¡Así que eres rey! le dijo Pilato. Eres tú quien dice que soy rey. Yo para esto nací, y para esto vine al mundo: para dar testimonio de la verdad. Todo el que está de parte de la verdad escucha mi voz.

El Dios que creó el universo también hizo leyes físicas absolutas (todo lo que se trata en la ciencia de la física), leyes morales (todo lo que se trata en las leyes de sembrar y recoger) y leyes espirituales. (Por sí solas, las leyes dietéticas del libro de Levítico pueden demostrar la inspiración de la Biblia). Jesús dijo: "Las palabras que os he hablado son espíritu y son vida" (ver Juan 6:63).

Romanos 8:2 habla sobre la Ley del Espíritu. Esto tiene que ver con rendirse o bien al Espíritu Santo o a otro espíritu. (¿Qué espíritu te capacita?) Esta es la autoridad que tienes detrás de tu vida y de tus palabras.

> Si permanecen en mí y mis palabras permanecen en ustedes, pidan lo que quieran, y se les concederá.
>
> —Juan 15:7

La ley espiritual también incluye principios de otorgamiento espiritual, dones de sanidad y milagros y los dones de revelación.

El mismo Dios que inspiró Juan 3:16 también colocó leyes naturales absolutas, como ciertas interacciones químicas que resultan en gases y agua, e incluso la ley de la gravedad y la ley del empuje hidrostático que trasciende la ley de la gravedad. Los mayores científicos de la antigüedad se dedicaban a estudiar el universo natural porque querían saber más sobre Dios y sus obras maravillosas.

> Grandes son las obras del Señor; estudiadas por los que en ellas se deleitan.
>
> —SALMO 111:2

> Los cielos cuentan la gloria de Dios, el firmamento proclama la obra de sus manos. Un día comparte al otro la noticia, una noche a la otra se lo hace saber. Sin palabras, sin lenguaje, sin una voz perceptible.
>
> —SALMO 19:1-3

Poca gente se da cuenta que Isaac Newton, probablemente el científico más grande en toda la historia, escribió más libros sobre teología que sobre ciencia. Aunque estaba alejado doctrinalmente (pues era un cristiano arriano), su creencia de que el universo fue diseñado divinamente le llevó a creer que el universo fue fundado con leyes fijas y ordenadas que pueden ser descubiertas y comprendidas. Esto le llevó a descubrir el cálculo y otras cosas, como las leyes del movimiento.

El cristianismo abraza una visión comprensiva que ordena la historia, la filosofía, lo natural, las leyes morales y espirituales, la economía, lo sociología, la política, las artes, la literatura y la ciencia hacia la gloria de Dios y el señorío de Cristo. Solamente podrás entender el verdadero propósito y los ideales de cada una de estas materias a través de las lentes de la Escritura y por la iluminación del Espíritu Santo. ¡Gracias a Dios que en el futuro nuestros hijos e hijas serán capaces de conseguir títulos en estas materias sin dañar su fe en la Palabra de Dios!

Los efectos del darwinismo

Como nota marginal, muchos cristianos enfocan todos sus esfuerzos en luchar contra ciertas causas, sea el aborto, la pornografía, el racismo o la destrucción de la familia. Lo que la mayoría no comprende es que hoy la mayor subestructura detrás de todas las mayores cuestiones culturales contra el cristianismo ¡es la teoría de la evolución! Cuando se publicó *El origen de las especies* de Charles Darwin en 1859, causó un maremoto antiDios que todavía se está sintiendo hoy en día. ¿Por qué? Si eliminas a Dios, también eliminas la Biblia. ¡Y si eliminas la Biblia, eliminas todos los estándares y absolutos morales, éticos y culturales! Si no tienes Creador, entonces la vida humana no es más importante que la de un gato o un perro. ¡Tu tatarabuelo es una ameba unicelular y tu primo es un arce! Esto abre el camino para el aborto (dado que la vida humana no es especial; no es en nada más importante que la de un animal porque todos somos lo mismo). Esto lleva al panteísmo de la Nueva Era (la creencia que todo es Dios) porque significa que estamos relacionados con todo en el universo, sea objetos animados o inanimados. Nos lleva a un relativismo moral (porque los Diez Mandamientos y todos los credos escritos y documentos históricos son anticuados en el proceso actual de racionalismo de nuestro camino evolutivo). Y también lleva al racismo, porque personas con aspiraciones de supremacía ética pueden creer que su raza es la más madura y desarrollada en la escalera evolutiva (como pasó con Adolf Hitler y su visión de la raza aria).

¡Lo que necesitamos más que otra cosa en nuestro sistema educacional son creacionistas entrenados académicamente que desafíen a esta teoría infernal! (la evolución es más una filosofía natural que una realidad científica).

Así puedes ver que si el cristianismo no abarca una visión del mundo que incluya toda la verdad, no solamente la verdad bíblica (la cual es la forma más sublime de verdad absoluta y representa el marco final de referencia para juzgar todas nuestras ideas), entonces nunca seremos capaces de combatir estas visiones del mundo paganas que siguen cautivando las mentes de la juventud de hoy mediante los medios, la escuela y presión entre semejantes.

Segunda de Corintios 10:3-5 dice:

> Pues aunque vivimos en el mundo, no libramos batallas como lo hace el mundo. Las armas con que luchamos no son del mundo, sino que tienen el poder divino para derribar fortalezas. Destruimos argumentos y toda altivez que se levanta contra el conocimiento de Dios, y llevamos cautivo todo pensamiento para que se someta a Cristo.

Este verso no solamente trata de fortalezas en mentes individuales, sino fortalezas en culturas enteras que pueden ser rotas con el conocimiento de Dios y nuestro entendimiento de la verdad.

2. Incluye todas las cosas

De nuevo debemos entender que el propósito de la cruz no solamente fue reconciliar a los hombres, sino también volver a traer legalmente la jurisdicción del planeta bajo el reino de Dios. Colosenses 1:19-20 nos dice:

> Porque a Dios le agradó habitar en él con toda su plenitud y, por medio de él, reconciliar consigo todas las cosas, tanto las que están en la tierra como las que están en el cielo, haciendo la paz mediante la sangre que derramó en la cruz.

Observa las palabras *plenitud* y *cosas* de las que se habla aquí. Dios no solamente nos ha vuelto a llamar a Él mediante la cruz, sino que nos ha vuelto a llamar a nuestro derecho de nacimiento original de administrar la Tierra (Gen. 1:26-28). Desde la Resurrección Dios nos ordenó ir a todas las naciones y llevar el evangelio a toda creación (Mateo 28:19-20). Marcos 16:15 dice: "Les dijo: Id por todo el mundo y anunciad las buenas nuevas a toda criatura".

Mateo 28:20 tiene que ver con todas las personas, y Marcos 16:15 tiene que ver con el conjunto de la creación. (Esto no significa que deberíamos ir a los árboles y predicar el evangelio, ¡sino que la intención del evangelio era volver a traer la Tierra a sus verdaderos dueño y orden!)

Escuché a alguien decir alguna vez que los pastores están llamados no a una iglesia local, sino a un área geográfica. Estoy de acuerdo con esto y quiero llevar este pensamiento un paso más adelante, no solamente estamos llamados a una cierta área geográfica, sino que estamos llamados a *liberar* una cierta área geográfica. ¡La Iglesia en su conjunto está llamada a liberar el planeta Tierra y a presentarlo al rey Jesús! ¿Dices que es demasiado radical? Veamos lo que dice la Escritura tiene que decir sobre nuestra Tierra, o *"paisología."*

El clamor de Sodoma (ver también Jonás 1:2)

En Génesis 18 vemos venir a tres ángeles que traen nuevas sobre el nacimiento de Isaac para el año que viene, además anuncian la destrucción de Sodoma y Gomorra. Veamos como Dios conocía el estado pecaminoso de Sodoma.

> Entonces el Señor le dijo a Abraham: El clamor contra Sodoma y Gomorra resulta ya insoportable, y su pecado es gravísimo.

Por eso bajaré, a ver si realmente sus acciones son tan malas
como el clamor contra ellas me lo indica; y si no, he de saberlo.
—GÉNESIS 18:20-21

Jehová dijo que fue el "clamor de Sodoma" que le alertó. Te pregunto: ¿qué significa esto? ¿significa que allí había gente sollo-
zando? Creo que no. ¿Significa que alguien estaba gritando la
palabra de Dios, o gritando a Dios en oración? No creo eso. Por
el informe bíblico que tenemos de Sodoma, no parece que alguien
predicara u orara, ¡incluido a Lot!

¿Entonces qué significa? La palabra *gritar* en Génesis 18:20 es
zaaq, y significa chillar de angustia o peligro. ¿Quién es el que
estaba chillando de angustia o peligro? ¿Era Lot? Según el informe bíblico no me parece que Lot tuviera la más mínima idea
de que estaba en peligro. Además, las Escrituras dicen "el clamor
de Sodoma"; ¡era una clase de clamor corporativo! Un clamor
corporativo o bien puede venir de todo el pueblo gritando que
estaba en peligro. (No podía ser eso porque si hubieran sabido
que están en peligro se hubieran movido o hubieran cambiado su
comportamiento). O bien podría haber venido de la tierra geográfica de Sodoma. ¿Piensas que es locura? Tal vez para nuestra
manera de pensar, pero entonces ¿qué quería decir "el clamor de
Sodoma...me lo indica"? ¿Quiénes somos nosotros para decir
que Dios no ha creado su universo con la capacidad de comu-
nicarse de alguna manera con su Creador, cuando las cosas no
están en su orden correcto? (¡Incluso los coches con sus ordena-
dores integrados nos dicen si algo va mal!) ¿No enseñan las Escrituras que la creación responde a la gloria de Dios y le alaba?

Ustedes saldrán con alegría y serán guiados en paz. A su paso,
las montañas y las colinas prorrumpirán en gritos de júbilo y
aplaudirán todos los árboles del bosque.
—ISAÍAS 55:12

Los cielos cuentan la gloria de Dios, el firmamento proclama
la obra de sus manos.
—SALMO 19:1

Quédense quietos, reconozcan que yo soy Dios. ¡Yo seré exal-
tado entre las naciones! ¡Yo seré enaltecido en la tierra!
—SALMO 46:10

Pues míos son los animales del bosque, y mío también el ganado de los cerros. Conozco a las aves de las alturas; todas las bestias del campo son mías.

—SALMO 50:10-11

Que te alaben, oh Dios, los pueblos; que todos los pueblos te alaben. La tierra dará entonces su fruto, y Dios, nuestro Dios, nos bendecirá.

—SALMO 67:5-6

Se levantan las aguas, Señor; se levantan las aguas con estruendo; se levantan las aguas y sus batientes olas.

—SALMO 93:3

¡Alégrense los cielos, regocíjese la tierra! ¡Brame el mar y todo lo que él contiene! ¡Canten alegres los campos y todo lo que hay en ellos! ¡Canten jubilosos todos los árboles del bosque!

—SALMO 96:11-12

¡Batan palmas los ríos, y canten jubilosos todos los montes!

—SALMO 98:8

¿No les dijo Jesús a los fariseos que si las personas no le alababan, los piedras inmediatamente gritarían? (ver Lucas 19:40).

Hace mucho tiempo llegué a la conclusión de que hay muchas cosas en las escrituras que para mí son difíciles de entender, pero que no significan que las Escrituras no sean verdad. Creo que la Palabra de Dios nos enseña claramente que no sólo deberíamos creer a Dios para las almas, ¡sino que como hijos de Dios también tenemos el derecho de reclamar para Él cada onza de polvo y de bienes en la Tierra! Dios nos ha dado el poder para conseguir estos recursos para que su pacto con el mundo se pueda establecer en la Tierra (ver Deuteronomio 8:18). Dios le dijo a Abraham que él y su simiente (aquellos que creen en el Señor Jesús) son los herederos del mundo entero (lo cual incluye la Tierra y todo lo que hay en ella, ver Romanos 4:13). Segunda de Corintios 5:19 dice que Jesús reconcilió *al mundo* (en griego *kosmos*, el conjunto del orden creado) consigo mismo.

Dios no solamente quiere las almas de los hombres, sino que también quiere que el planeta Tierra sea entregado de vuelta a la jurisdicción de su pueblo, para que Él tenga el dominio sobre todas las cosas. La Tierra, no solamente el sistema mundial, debería ser traído de vuelta al gobierno de Dios. ¡Incluso está clamando por ello! La Biblia dice en Apocalipsis 11:18 que Dios destruirá a los que destruyen la Tierra (no necesariamente sólo hablando de dañar el medio ambiente por polución, sino por no usar la Tierra para su intención original, y de este modo estar destruyendo el propósito de la Tierra).

Las Escrituras nos enseñan que si los pecados se vuelven demasiado serios en una cierta área geográfica, debido al mal uso el suelo lo rechaza de tal manera que ¡la misma tierra los escupe! (Tal vez esto signifique que rechaza recoger su aumento de cosecha y los obliga a salir). Levítico 18:20-28 nos enseña que debido a los pecados de matar a su descendencia, adulterio, homosexualidad y bestialidad, la tierra fue manchada ¡y vomitó a sus habitantes! En Génesis 4:9-12 vemos que Dios sabía que Caín mató a Abel ¡porque la sangre de Abel gritó al Señor desde el suelo! El pecador mancha el suelo (en contra de su propósito creado), ¡y grita por redención!

Números 16 nos muestra que cuando Coré lideró una rebelión contra Moisés, el suelo respondió a Dios y se tragó vivos a Coré y a sus seguidores y los envió al Seol. En Mateo 10, Jesús les dice a sus discípulos que se sacudan el polvo de sus pies si el evangelio no es recibido en la ciudad. Evidentemente no solamente la gente estaba manchada y en pecado, ¡sino que su desobediencia causaba que el mismo suelo que poseían y en el que vivían estuviera manchado!

Pablo continuó con esta tradición de sacudirse el polvo de los pies cuando los líderes de Antioquía de Pisidia le rechazaron (Hechos 13:51). Pienso que Pablo no quería ni un grano de polvo pegado a él que había sido usado por aquellos que rechazaban el gobierno y la jurisdicción de Dios.

Finalmente, Romanos 8:19-22 dice:

> La Creación aguarda con ansiedad la revelación de los hijos de Dios, porque fue sometida a la frustración. Esto no sucedió por su propia voluntad, sino por la del que así lo dispuso. Pero queda la firme esperanza de que la creación misma ha de ser liberada de la corrupción que la esclaviza, para así alcanzar la gloriosa libertad de los hijos de Dios. Sabemos que toda la creación todavía gime a una, como si tuviera dolores de parto.

Esto nos enseña lo más claramente posible que no sólo la humanidad, sino que toda la creación está sujeta a vanidad, porque el orden creado no se está usado para la gloria de Dios. El verso 22 nos dice que la creación está en esclavitud y está gimiendo eternamente (gritando), y con dolores de parto hasta la gloriosa libertad de los hijos de Dios. ¡La creación (los árboles, la tierra, el reino animal y los recursos del mundo) está esperando por la manifestación de los hijos de Dios! No sólo Dios y los ángeles están esperando por nosotros y apoyándonos, sino que incluso el suelo por el que andamos, las autovías por las que conducimos y el dinero con el que comerciamos, todos están gritando a Dios para que la Iglesia despierte y finalmente salga de la sombra de nuestros 'guetos eclesiásticos', les redima del ensuciamiento y los libere para su intención original: ¡la gloria de Dios!

3. El reino incluye todos los ministerios de los dones

El evangelio del reino no solamente nos ha provisto del ministerio de los cinco dones, sino también de ancianos, diáconos y diaconisas, ayudas, administración y de todas las diferentes manifestaciones del Espíritu Santo que encajan perfectamente con cada persona conforme a su llamado particular y su entrenamiento. Todo comienza en la iglesia local y luego debería ramificarse en todo el orden creado.

El Cuerpo de Cristo ahora mismo es fuerte en sus dones, pero limitado en cuanto a cómo y dónde estos dones deberían ser usados. El Cuerpo de Cristo, no el mundo, debería ser experto en cómo colocar a las personas en sus dones, llamado y vocación. Como dijo Lutero, debemos servir a Dios en medio del mundo llevando a cabo fielmente las tareas de nuestras ocupaciones diarias: zapateros, amas de casa, granjeros y hombres de negocios, si hacen su trabajo para la gloria de Dios, le agradan más que los monjes y las monjas.[2] Nosotros deberíamos ser líderes desarrollando vías de cómo las personas pueden conocer sus dones del ministerio, puntos fuertes, puntos débiles, propensiones, pasiones y tipos de personalidad. Todo esto es para saber no solamente cómo colocar a personas en la iglesia, sino también cómo ayudarles a hacer su papel en el orden creado del reino de Dios.

4. El evangelio del reino es revelado en la historia

Al leer las Escrituras queda claro que Dios trata con la humanidad mediante pactos. Él es un Dios que guarda sus pactos. Una ojeada rápida a través de la Palabra nos muestra que Dios hizo pacto con Adán, Noé, Abraham, Isaac, Jacob, Moisés, David y Salomón; por supuesto, el Señor Jesús hizo un nuevo pacto con la Iglesia. Dos de los componentes de un pacto son las estipulaciones éticas (el acuerdo sobre los términos de pacto) y las sanciones (o bien la recompensa por guardar el pacto o bien el castigo por no guardarlo).

Desde que Dios creó a Adán, las leyes morales de siembra y cosecha y las leyes sabidas en la conciencia, incluso por personas que nunca han oído el evangelio, son evidentes. La historia muestra que las naciones *justas* son bendecidas y las naciones *injustas* son maldecidas. Por ejemplo, la Primera y la Segunda Guerra Mundial (la supervivencia de la Inglaterra de Churchill y el fallecimiento de Hitler); la Guerra Civil (el Sur perdió porque rechazó renunciar a la esclavitud por razones principalmente económicas); la Guerra de Independencia de los EE. UU. (Inglaterra perdió porque estaba oprimiendo injustamente a las trece colonias). La Revolución Francesa fracasó porque defendía el humanismo ateo como su ideal, y más recientemente, la Unión Soviética se deshizo (la maldición de Dios estaba sobre ellos porque el comunismo y el socialismo han promovido la nacionalización mesiánica donde el Estado provee para todas tus necesidades e intenta abolir la fe en Dios). Podemos seguir contando una tras otra. Como suelo decir: la historia es su historia.

¡Es una lección en filosofía moral! ¡Sólo el cristianismo tiene una visión del mundo acertada que abarca toda la historia mundial del pasado, del presente y del futuro! No sólo la historia de la Iglesia, sino también la historia mundial muestran que Dios es soberano sobre todas las naciones y ordena su destino conforme a su soberanía; es importante para los santos entender la historia mundial además de la historia de la Iglesia.

> Su Majestad es rey entre los reyes; el Dios del cielo le ha dado el reino, el poder, la majestad y la gloria. Además, ha puesto en manos de Su Majestad a la humanidad entera, a las bestias del campo y a las aves del cielo. No importa dónde vivan, Dios ha hecho de Su Majestad el gobernante de todos ellos. ¡Su Majestad es la cabeza de oro! Después de Su Majestad surgirá otro reino de menor importancia. Luego vendrá un tercer reino, que será de bronce, y dominará sobre toda la tierra. Finalmente, vendrá un cuarto reino, sólido como el hierro. Y así como el hierro todo lo rompe,

destroza y pulveriza, este cuarto reino hará polvo a los otros reinos. Su Majestad veía que los pies y los dedos de la estatua eran mitad hierro y mitad barro cocido. El hierro y el barro, que Su Majestad vio mezclados, significan que éste será un reino dividido, aunque tendrá la fuerza del hierro. Y como los dedos eran también mitad hierro y mitad barro, este reino será medianamente fuerte y medianamente débil. Su Majestad vio mezclados el hierro y el barro, dos elementos que no pueden fundirse entre sí. De igual manera, el pueblo será una mezcla que no podrá mantenerse unida. En los días de estos reyes el Dios del cielo establecerá un reino que jamás será destruido ni entregado a otro pueblo, sino que permanecerá para siempre y hará pedazos a todos estos reinos.

—DANIEL 2:37-44

Serás apartado de la gente y vivirás entre los animales salvajes; comerás pasto como el ganado, y siete años transcurrirán hasta que reconozcas que el Altísimo es el soberano de todos los reinos del mundo, y que se los entrega a quien él quiere. Y al instante se cumplió lo anunciado a Nabucodonosor. Lo separaron de la gente, y comió pasto como el ganado. Su cuerpo se empapó con el rocío del cielo, y hasta el pelo y las uñas le crecieron como plumas y garras de águila. Pasado ese tiempo yo, Nabucodonosor, elevé los ojos al cielo, y recobré el juicio. Entonces alabé al Altísimo; honré y glorifiqué al que vive para siempre: Su dominio es eterno; su reino permanece para siempre. Ninguno de los pueblos de la tierra merece ser tomado en cuenta. Dios hace lo que quiere con los poderes celestiales y con los pueblos de la tierra. No hay quien se oponga a su poder ni quien le pida cuentas de sus actos.

—DANIEL 4:32-35

En esa visión nocturna, vi que alguien con aspecto humano venía entre las nubes del cielo. Se acercó al venerable Anciano y fue llevado a su presencia, y se le dio autoridad, poder y majestad. ¡Todos los pueblos, naciones y lenguas lo adoraron! ¡Su dominio es un dominio eterno, que no pasará, y su reino jamás será destruido!.... Entonces se dará a los santos, que son el pueblo del Altísimo, la majestad y el poder y la grandeza de los reinos. Su reino será un reino eterno, y lo adorarán y obedecerán todos los gobernantes de la tierra.

—DANIEL 7:13-14, 27

A los ojos de Dios, las naciones son como una gota de agua en un balde, como una brizna de polvo en una balanza. El Señor pesa las islas como si fueran polvo fino.... Todas las naciones no son nada en su presencia; no tienen para él valor alguno!.... Él reina sobre la bóveda de la tierra, cuyos habitantes son como langostas. Él extiende los cielos como un toldo, y los despliega como carpa para ser habitada. Él anula a los poderosos, y a nada reduce a los gobernantes de este mundo. Escasamente han sido plantados, apenas han sido sembrados, apenas echan raíces en la tierra, cuando él sopla sobre ellos y se marchitan; ¡y el huracán los arrasa como paja!

—Isaías 40:15, 17, 22-24

De un solo hombre hizo todas las naciones para que habitaran toda la tierra; y determinó los períodos de su historia y las fronteras de sus territorios. Esto lo hizo Dios para que todos lo busquen y, aunque sea a tientas, lo encuentren. En verdad, él no está lejos de ninguno de nosotros.

—Hechos 17:26-27

Cuando el Altísimo dio su herencia a las naciones, cuando dividió a toda la humanidad, les puso límites a los pueblos según el número de los hijos de Israel.

—Deuteronomio 32:8

Algunos de ellos, que poblaron las costas, formaron naciones y clanes en sus respectivos territorios y con sus propios idiomas.

—Génesis 10:5

Pero el Señor bajó para observar la ciudad y la torre que los hombres estaban construyendo, y se dijo: «Todos forman un solo pueblo y hablan un solo idioma; esto es sólo el comienzo de sus obras, y todo lo que se propongan lo podrán lograr. Será mejor que bajemos a confundir su idioma, para que ya no se entiendan entre ellos mismos.» De esta manera el Señor los dispersó desde allí por toda la tierra, y por lo tanto dejaron de construir la ciudad.

—Génesis 11:5-8

Podemos aprender los caminos de Dios leyendo la historia mundial además de leer la historia de la Iglesia. La historia es simplemente su historia, su plan y su propósito revelado. Estudiar la historia es estudiar a Dios en acción. Incluso, cuando Karl Marx quiso revolucionar el mundo, lo primero que hizo fue perseguir y hacer proselitismo en la gente de los periódicos. ¡Lo segundo que hizo fue ayudar a reescribir la historia para que pudiera marginar y quitarle énfasis a los efectos positivos del cristianismo! Debemos darnos cuenta que cuando las personas llegan a este mundo, heredan los débitos y los créditos de las generaciones anteriores. Es por eso que necesitamos historiadores que puedan mostrarnos una visión global de la historia que ilustre las bendiciones de obedecer las leyes de Dios y las maldiciones de la desobediencia para las naciones.

Ejemplos de la Palabra

Segunda de Samuel 21:1-2 dice: "Durante el reinado de David hubo tres años consecutivos de hambre. David le pidió ayuda al Señor, y él le contestó: Esto sucede porque Saúl y su sanguinaria familia asesinaron a los gabaonitas. Los gabaonitas no pertenecían a la nación de Israel, sino que eran un remanente de los amorreos. Los israelitas habían hecho un pacto con ellos, pero tanto era el celo de Saúl por Israel y Judá que trató de exterminarlos".

Esto muestra que Dios le envío a Israel una hambruna al país porque el rey anterior (Saúl) derramó sangre inocente. Por otro lado, Dios preservó a Israel durante el reinado del rey Ezequías porque había favorecido el propósito de un rey anterior (David): "Por mi causa, y por consideración a David mi siervo, defenderé esta ciudad y la salvaré." (2 Reyes 19:34). ¡Es imposible saber por qué estamos en el estado que estamos sin conocer el pasado! Dado que toda la historia es importante para Dios, necesitamos saber si algo que ocurrió en el pasado de nuestra ciudad está deteniendo a Dios de llevar a cabo sus propósitos. ¡Además es imposible saber dónde vas (y por qué estás yendo allí) si no sabes de dónde has venido!

Construir para mañana

Cosas que hemos oído y conocido, y que nuestros padres nos han contado. No las esconderemos de sus descendientes; hablaremos a la generación venidera del poder del Señor, de sus proezas, y de las maravillas que ha realizado. Él promulgó un decreto para Jacob, dictó una ley para Israel; ordenó a nuestros antepasados enseñarlos a sus descendientes, para que los conocieran las generaciones venideras y los hijos que habrían de nacer, que a su vez los enseñarían a sus hijos. Así ellos pondrían su confianza en Dios y no se olvidarían de sus proezas,

sino que cumplirían sus mandamientos. Así no serían como
sus antepasados: generación obstinada y rebelde, gente de corazón fluctuante, cuyo espíritu no se mantuvo fiel a Dios.
—Salmo 78:3-8

En el evangelio del reino no estamos intentando establecer
principios del reino en nuestras ciudades de la noche a la mañana.
¡En el pasado teníamos mentalidad de superestrellas, intentando
llenar estadios y queriendo cambiar el mundo en una cruzada!
Pero Dios nos ha llamado a edificar intergeneracionalmente.
Aquellos que temen que el Anticristo pronto va a tomar posesión
del mundo raras veces construyen para mañana. No se ocupan de
invertir en sus jóvenes, de animarlos a ir a la escuela e invertir
finanzas en su futuro, ¡porque ellos creen que el fin llegará cualquiera de estos días!

Con este panorama del nuevo milenio, pronostico que mucha
gente va a ser desilusionada con mucho de lo que se ha escrito
sobre los últimos días, ¡y la gente va a despertar y comenzar a
construir para el futuro! Muy pocas megaiglesias permanecen
con éxito intergeneracionalmente. Normalmente cuando "el
hombre" se va, así hacen las personas.

En la medida que la Iglesia aplica principios del reino, vamos
a invertir en nuestros jóvenes líderes como nunca antes. Nuestro
mayor atributo no será solamente la predicación o la plantación,
¡sino la paternidad! Verdaderos líderes espirituales son primero
padres, y segundo, predicadores ¡porque su mayor meta es de invertir en sus hijos e hijas con la meta de que ellos superen a sus
padres!

Ciertamente les aseguro que el que cree en mí las obras que yo
hago también él las hará, y aun las hará mayores, porque yo
vuelvo al Padre.
—Juan 14:12

En efecto, la promesa es para ustedes, para sus hijos y para
todos los extranjeros, es decir, para todos aquellos a quienes el
Señor nuestro Dios quiera llamar.
—Hechos 2:39

Sabiendo que Dios no se encuentra con una prisa frenética,
¡sé que la historia muestra que el evangelio siempre ha supe-
rado todas las dificultades! El Imperio Romano no pudo aplastar

la Iglesia, y las tribus bárbaras no pudieron parar a la Iglesia. Ni la madre Iglesia corrupta ni la 'Ilustración' del siglo quince. ¡Y la cultura posmoderna actual no prevalecerá! Mirando atrás a estos periodos de tiempo cruciales, la Iglesia no solamente sobrevivió, sino que venció todas las dificultades y fue victoriosa.

> Porque nos ha nacido un niño, se nos ha concedido un hijo; la soberanía reposará sobre sus hombros, y se le darán estos nombres: Consejero admirable, Dios fuerte, Padre eterno, Príncipe de paz. Se extenderán su soberanía y su paz, y no tendrán fin. Gobernará sobre el trono de David y sobre su reino, para establecerlo y sostenerlo con justicia y rectitud desde ahora y para siempre. Esto lo llevará a cabo el celo del Señor Todopoderoso.
> —ISAÍAS 9:6-7

En conclusión, no vayamos a construir solamente en grande, ¡sino edifiquemos un buen fundamento cualitativamente sobre el cual los que vienen detrás de nosotros puedan edificar! Paremos con esta mentalidad de superestrella egocéntrica que convierte nuestra semilla en un desorden chapucero sobre el cual no pueden edificar porque fue hecho para atraer a las masas (¡de otras iglesias¡) en vez de para edificar el reino. (Es bien posible edificar una megaiglesia "de mamá y papá" donde el equipo de liderazgo real sólo consiste de un marido y su mujer). Muchas iglesias suman muchos miembros, pero hacen disminuir literalmente el reino en su área, porque el crecimiento de su Iglesia proviene principalmente de atraer a ovejas de iglesias "cebo" más pequeñas y menos atractivas. Esta clase de megaiglesia tiene como mucho un ciclo de masas que sube o baja cada tres o cuatro años y que raramente es exitosa más allá de diez años, ¡no importan las generaciones! ¡Comencemos a edificar apostólicamente!

5. El reino trasciende a todas las culturas

A muchas personas que pastorean iglesias se les enseñó en el pasado a intentar alcanzar a personas que se parecieran a ellos. ¡Su ministerio era más autobiográfico que apostólico! Se propusieron edificar iglesias que fueran homogéneas (todas las personas de la misma clase). Contrariamente a la filosofía de crecimiento de muchas iglesias actuales, Dios nos dijo que nuestra misión debería ser reflejar el cielo en la Tierra (Lucas 11:2). En el cielo hay personas de todas las naciones, tribus, pueblos y lenguas están de pie delante de Dios y adoran (Apocalipsis 7:9).

Una cosa es pastorear una iglesia en una comunidad que tenga personas de sólo un trasfondo étnico o económico, y otra, que tu iglesia refleje homogéneamente tu comunidad. ¡Y otra cosa es que tu iglesia se encuentre en medio de un vecindario integrado y que tu grupo objetivo sólo sean personas que se parezcan a ti!

La iglesia modelo fue Antioquía (Hechos 11, 13)

La iglesia de Antioquía era más modelo de iglesia apostólica que la iglesia original de Jerusalén por muchas razones. Una de las razones principales es que su iglesia era capaz de cruzar las líneas raciales. La ciudad de Antioquía estaba dividida en sectores: griego, sirio, judío, latino y africano. ¡Las personas solían saltar las murallas que separaban la ciudad racialmente sólo para asistir a la iglesia! Los creyentes fueron llamados cristianos primero en Antioquía porque anteriormente la Iglesia fue principalmente judía, así que la Iglesia al mundo le parecía ser otra secta judía más. Cuando el mundo vio el equipo de liderazgo multirracial de Antioquía y la comunidad de la iglesia multirracial, ya no sabían cómo llamarlos, así que los llamaron cristianos (Hechos 11:26).

Debemos hacer aquí una distinción entre reconciliación racial, iglesias multiétnicas y el multiculturalismo. Yo creo en los dos primeros, pero no en el último. La definición básica de cultura es un pueblo que comparte la misma raza, lengua, ropa, costumbres, alimentos y religión. El verdadero multiculturalismo realmente aboga por el relativismo moral porque respeta todas las creencias religiosas y se opone a convertir a personas para que cambien. El multiculturalismo lleva al politeísmo (la creencia en muchos dioses). El politeísmo lleva a un relativismo moral (no existe bueno o malo), el relativismo moral lleva a anarquía y el caos, ¡y el caos lleva a una sociedad totalitaria! Si nuestras iglesias se hicieran realmente multiculturales, entonces todos tendríamos creencias diferentes, y muy pocas personas se entenderían porque no habría un lenguaje común. ¡El modelo apostólico es multiétnico, pero no multicultural!

Yo creo en el multiculturalismo mientras no vaya más allá de respetar y disfrutar las diferentes comidas, ropas y algunas costumbres étnicas inofensivas. ¡Más allá de ahí es dañino!

(hablemos de un héroe desconocido, qué te parece Noé como ejemplo de liderar un grupo diverso. Su arca de salvación incluyó una tripulación multibiológica durante un año.) He aquí una estadística interesante: en 1900, el 80 por ciento de todos los cristianos eran blancos. En 1980, la mayoría de los santos ni eran blancos, ni del norte ni de occidente.[3]

Lo fundamental es esto: si nuestro evangelio solamente funciona en agradables suburbios de clase media donde todo el mundo se parece, ¡esto no es el evangelio del reino! Si los cristianos sólo quieren tener comunión dentro de su zona de comodidad, verdaderamente no son creyentes maduros.

Mi panorama

Yo estuve pastoreando desde 1984 una iglesia en una zona hispana pobre en el área del Sunset Park de Brooklyn, Nueva York. Comencé allí un ministerio a tiempo completo en 1980. ¡De manera milagrosa tuvimos la oportunidad de comprar una instalación tremenda! Estuvimos alquilando durante los primeros trece años y medio de nuestra existencia. ¡Mucha gente dijo que posiblemente no contábamos con los recursos para comprar! (Hasta hace poco sólo dos miembros—yo incluido—poseían su propia casa, y sólo unos pocos de la gente trabajadora llegaba a unas entradas de clase media baja).

Cuando comenzamos, y hasta principios de los 90, casi la mitad de la iglesia dependía de la asistencia social, y un alto porcentaje eran madres solteras. Ahora, dado que hay un apoyo al evangelio, muy pocas personas todavía dependen de la asistencia social (incluidas las madres solteras). Además, muchas personas están comprando casas y están siendo promovidos a trabajos bien pagados. A pesar de enfrentarnos a dificultades insuperables, después de casi un año de negociaciones y de buscar una hipoteca, ¡nuestra iglesia fue capaz de recoger durante el año 1997, un promedio de más de $6,000 por cada trabajador adulto de nuestra iglesia! ¡Estamos experimentando una renovación urbana mayormente de un núcleo de gente joven, mucha de la cual está yendo a la universidad y tiene metas de títulos posgraduados! Tengo la meta de que por lo menos diez consigan títulos de maestría, para que podamos abrir un instituto cristiano con una visión del mundo de reino de colocar a líderes en todos los niveles de la sociedad.

¿Por qué nos está ocurriendo esto a nosotros? Porque estamos predicando el evangelio del reino de Dios, y estamos viendo como Dios nos está promoviendo ¡para que podamos comenzar a tomar dominio en nuestra comunidad! Si nuestro evangelio no funciona en el peor barrio de un país del Tercer Mundo, entonces ¡no tenemos derecho a predicarlo!

> Tu pueblo reconstruirá las ruinas antiguas y levantará los cimientos de antaño; serás llamado "reparador de muros derruidos", "restaurador de calles transitables".
>
> —Isaías 58:12

6. El reino administra y une todas las cosas

> Él nos hizo conocer el misterio de su voluntad conforme al buen propósito que de antemano estableció en Cristo, para llevarlo a cabo cuando se cumpliera el tiempo: reunir en él todas las cosas, tanto las del cielo como las de la tierra. En Cristo también fuimos hechos herederos, pues fuimos predestinados según el plan de aquel que hace todas las cosas conforme al designio de su voluntad.
>
> —Efesios 1:9-11

¡Aquellos que tienen un corazón solamente para edificar sus propios imperios permanecen siendo islas para ellos mismos! Aquellos que tienen un corazón de alcanzar una ciudad para el Señor Jesús y para edificar el reino de Dios automáticamente se abren a unirse con otros, porque ellos saben que la misión del reino va más allá de cualquier iglesia, ministerio o ministro.

Según constatado antes, la meta de Dios de acuerdo a Efesios 1:9-11 es que en la plenitud del tiempo, Él pueda reunir todas las cosas en Cristo. Conforme a los versos 9-10, esto no es solamente su voluntad y propósito, ¡sino que es la única cosa real que Él intenta administrar! Muchos pastores están frustrados porque no creen que Dios esté bendiciendo *su trabajo*. ¡Este es el problema, *su trabajo*! La clave es que debemos conocer lo que Dios está administrando y planeando, y simplemente seguir sus pasos y trabajar para ello. ¡Así es como recibimos la bendición de Dios!

Una señal de las personas verdaderamente apostólicas y proféticas es que, por así decir, están fuera de sí y reconocen este grandioso plan que Dios está orquestando justo delante de sus ojos. No es casualidad que la última década haya experimentado

un incremento de Marchas para Jesús globales, Conciertos de
Oración nacionales, caminatas de oración unidas, comunidades
enteras haciendo mapeo espiritual y ministerios compasivos que
abarcan ciudades. Dios va por algo, algo mayor que solamente
una iglesia local o un ministerio *para-church* (ministerios que no
son iglesias, pero se enfocan en ayudar en necesidad particu-
lares). En este plan no hay otra superestrella que no sea el Señor
Jesús. Para que Dios ahora lo pueda llevar más allá del movimiento de unidad y del movimiento de marchas, necesitamos
personas apostólicas y proféticas que nos guíen hacia lo que Dios
ya ha estado trabajando desde el pecado de Adán, ¡la reunión de
todas las cosas bajo el señorío de Cristo!

La gente se está emocionando respecto a la unidad y eso es
bueno. La gente se está emocionando respecto a la oración y eso
es bueno. Pero a menos que lo llevemos al siguiente nivel y comencemos a ver una encarnación de lo que estamos creyendo,
a menos que veamos líderes apostólicos, corrientes y redes de
redes apostólicas—guiándonos a una reforma de reino—¡todavía
no habremos visto lo que Dios está persiguiendo realmente! Tal
vez nunca lo veremos, pero si edificamos correctamente y obede-
cemos a Dios, ¡quizá nuestros nietos lo verán!

En los años 70, el Cuerpo de Cristo vio el énfasis de las megaiglesias; los 80 vieron el énfasis de las corrientes apostólicas; en
los 90 estuvimos viendo la red de las redes. Espero que este milenio el mundo comience a ver la realidad de la encarnación del
reino de Dios (como resultado de toda esa unidad). No obstante,
¡ven Señor Jesús!

7. El reino produce héroes

Una de las cosas que el mundo hace para enmarcar su particular visión del mundo es *mediatizar* a aquellos que quiere apoyar
como héroes. El mundo presenta a nuestros hijos diestramente
a aquellos que representan su visión del mundo como alguien a
quien imitar. Hace un tiempo personas como Gianni Versace, el
diseñador de moda asesinando, durante semanas tuvo cobertura
en primeras páginas y portadas a pesar de que vivió un estilo de
vida egoísta, sensual y homosexual. Este estilo de vida ponía de
relieve a hombres ligeros de ropa contratados como criados que
lo esperaban a él y a sus invitados en su lujosa casa frente a la
playa de Miami, Florida. Pero cuando murió la Madre Teresa,

apenas recibió cobertura significante durante una semana, y mayormente no fue noticia en portadas. (¿No es una coincidencia que ella fuera una fuerte defensora de la vida y contra el aborto?) ¡Para reporteros parciales esto es una manera no tan sutil de intentar adoctrinar a las masas respecto a lo qué es o quiénes son verdaderamente importantes (y dignos de noticias)! En la mayoría de los hogares cristianos supongo que las paredes de nuestros hijos estarán adornadas con las últimas estrellas del deporte o de la música (aunque alguna de esta gente me parecen bien), ¡Aquí hay un desequilibrio!

Los mayores héroes de la historia de este planeta han sido personas con una visión bíblica del mundo. No podemos depender de los medios o de los sistemas escolares para retratar la historia o bien los héroes de la fe con precisión. Nuestros hijos necesitan ser empapados, no sólo con historias de valentía, valor e integridad de personas como David, Débora, Moisés, José, Daniel, Jeremías, Pedro y Pablo, pero necesitamos hacer conscientes a nuestros hijos de los héroes a través de la historia. Uno de los mejores libros de cuentos para niños para antes de dormir es el utilizó Juan Calvino, *Fox's Book of Martyrs* (El libro de fox de los mártires).

Nuestros hijos necesitan saber las historias de los mártires como Policarpo, Ignacio y Justin (primeros padres de la Iglesia); en la Edad Media, personas como Juana de Arco, John Hus y John Wycliffe; durante el Renacimiento, hombres como Martín Lutero, Zwingli y Calvino; y en la historia americana, personas como Cristóbal Colón (que fue guiado al Nuevo Mundo por el Espíritu Santo), Pocahontas (la verdadera historia de su conversión al cristianismo y su heroísmo), George Whitefield, Patrick Henry, William Wilberforce y Charles Finney, y en tiempos más recientes, personas como Teddy Roosevelt, William (Papá) Seymour, Dietrich Bonhoeffer, Billy Graham, Winston Churchill, Dr. Martin Luther King Jr., Francis Schaeffer y Madre Teresa. Todos estos fueron personas de principios y de coraje poco común. Fueron personas dispuestas a enfrentarse a todas las dificultades y seguir asiéndose al destino designado por Dios. ¡Debemos enseñar a nuestros hijos que la vida no merece vivirse si no merece la pena morir por algo!

> Ellos lo han vencido por medio de la sangre del Cordero y por el mensaje del cual dieron testimonio; no valoraron tanto su vida como para evitar la muerte.
>
> —Apocalipsis 12:11

Para concluir, no olvidemos a los verdaderos héroes que vemos hoy en día (incluyendo a padres y madres fieles). Muestra a tus hijos y descríbeles a algunos de los héroes cristianos que viven hoy. Son muy numerosos para ser mencionados aquí. No solamente le enseñes sobre personas del pastorado, sino también a políticos, empresarios, científicos, abogados y jueces que mantienen en alto la bandera cristiana. Gracias a Dios tenemos a muchos de los cuales escoger, ¡simplemente porque el reino de Dios produce a los personajes más grandes de la Tierra!

8. Tiene que producir servidores

Si no solamente queremos influenciar, sino también 'infectar' la Tierra, ¡tenemos que producir servidores! Recientemente escuché de un pastor que hizo crecer su iglesia a más de cinco mil porque decidió movilizar su iglesia a servir a su comunidad.

La iglesia primitiva creció teniendo un corazón de servidor, imitando a su Señor que lavó los pies de sus discípulos. Si la Iglesia primitiva hubiera ignorado las necesidades de las viudas hambrientas en Hechos 6:1, nunca hubieran experimentado el avivamiento de Hechos 6:7. Para citar de nuevo a Dr. Ray Bakke:

> En vez de evadir la fea realidad de sus tiempos, la iglesia primitiva los abrazó; ¡haciendo lo que los paganos a su alrededor evitaban hacer, vencieron a las fuerzas que les amenazaban! La iglesia primitiva visitó a los enfermos y a los huérfanos, alimentó a los hambrientos y acogió a los marginados.
>
> Así fue como el cristianismo se extendió en Egipto en el segundo siglo, las mujeres cristianas que trabajaban juntas hacían un equipo. Algunas fueron a la calle y recogían a bebés abandonados mientras que otras mujeres los amamantaban. Los cristianos también recogían cadáveres abandonados que se estaban pudriendo en los vertederos y les daban un entierro digno.
>
> Benedicto (529 d.C.) inauguró un monasterio que estaba organizado en torno a un día: 6 horas de trabajo, 6 horas de adoración, 6 horas de estudio y 6 horas de sueño. Organizó a personas laicas y los envió a los lugares peores y más violentos de Europa. Ellos convirtieron a Europa y desarrollaron la economía y comunidades en los peores barrios de Europa.[4]

La Iglesia extenderá el evangelio sirviendo a la humanidad, no poniéndolo por encima de la humanidad. (En la Iglesia primitiva eras conocido como cristiano no solamente por tu testimonio, sino también por tus obras de caridad).

El evangelio no se extendió con la espada como se nos ha querido hacer creer, sino con el espíritu de servicio. En la historia de nuestra nación, los cristianos han producido las mejores universidades (como Harvard, Yale, Princeton y Columbia) y hospitales; han abolido la esclavitud y han iniciado la reforma del trabajo de niños y los derechos de la mujer. ¡Esto es por lo cual nuestra nación hoy es bendecida! ¡Continuemos manteniendo esta gran obra!

9. Primero se vence en el Espíritu

El evangelio del reino no se gana primordialmente en lo natural mediante procesos políticos; primero se vence en el espíritu tratando con poderes y principados políticos y jerárquicos. Antes de que puedas desplazar a gobernantes malvados en el mundo natural, primero necesitas desplazar a los gobernantes malvados en el mundo espiritual. Primero tenemos que derribar imaginaciones vanas en lo espiritual antes de poder cambiar la visión del mundo pagana en lo natural.

Jesús dijo en Lucas 17:21 que el reino de Dios se ve o se experimenta primero en el corazón: "No van a decir ¡Mírenlo acá! ¡Mírenlo allá! Dense cuenta de que el reino de Dios está entre ustedes".

Y Juan 3:3-6 dice:

> De veras te aseguro que quien no nazca de nuevo no puede ver el reino de Dios—dijo Jesús. ¿Cómo puede uno nacer de nuevo siendo ya viejo?—preguntó Nicodemo—. ¿Acaso puede entrar por segunda vez en el vientre de su madre y volver a nacer? Yo te aseguro que quien no nazca de agua y del Espíritu, no puede entrar en el reino de Dios—respondió Jesús—. Lo que nace del cuerpo es cuerpo; lo que nace del Espíritu es espíritu.

Dios edifica su reino y habla a la humanidad desde el interior y luego trabaja hacia el mundo exterior. ¿Cómo esperamos a echar fuera a demonios gobernantes de un ayuntamiento si no podemos controlar nuestras propias pasiones y deseos? (De la integridad interna resulta la integridad externa). La estrategia del diablo es la contraria a la de Dios. Él quiere que trabajemos en lo exterior antes de que el interior sea cambiado.

Podemos ver como funcionan las estrategias del enemigo a través de las estrategias de los marxistas. Tomando su consejo del *Manifiesto comunista* de Karl Marx, los comunistas creen que el entorno tiene la culpa de todos los males de la sociedad. Creen que derrocando a gobiernos capitalistas opresivos y mediante el proceso de redistribuir la riqueza de una nación (de manera que todos estén virtualmente al mismo nivel económico), acabará siendo una sociedad utópica (paraíso) que curará todas las necesidades individuales y corporativas del hombre. Por supuesto todos hemos visto de primera mano adonde ha llevado esta ideología al comunismo. (Aquellos países comunistas que siguen juntos se encuentran entre los países más pobres y menos avanzados tecnológicamente del mundo).

Todavía hoy es popular echar la culpa a nuestro entorno de todos nuestros males. El determinismo medioambiental (mi vecindario, mi comunidad y mi atmósfera determinan mi destino), el determinismo psicológico (como me criaron mis padres) y el determinismo genético (soy de la manera que soy por mi constitución genética) son todo filosofías que han impregnado nuestra sociedad. A pesar de que hay una cierta verdad en cada una de estas ideas deterministas, la Palabra de Dios pone el énfasis principal en las elecciones personales que hacemos permitiendo a Dios a tratar con nuestros corazones y mentes y luego tratar con las fuerzas espirituales de maldad en una comunidad.

> Porque Éste es el pacto que después de aquel tiempo haré con la casa de Israel—dice el Señor—: Pondré *mis leyes en su mente y las escribiré en su corazón.* Yo seré su Dios, y ellos serán mi pueblo. [Primero viene el trabajo interno del Espíritu de Dios, luego los efectos externos corporativos].
> —HEBREOS 8:10, ÉNFASIS AÑADIDO

> En los cuales andaban conforme a los *poderes de este mundo. Se conducían según el que gobierna las tinieblas, según el espíritu que ahora ejerce su poder en los que viven en la desobediencia.*
> —EFESIOS 2:2, ÉNFASIS AÑADIDO

> Porque nuestra lucha no es contra seres humanos, sino *contra poderes,* contra *autoridades,* contra potestades que dominan este mundo de tinieblas, contra *fuerzas espirituales malignas en las regiones celestiales.*
> —EFESIOS 6:12, ÉNFASIS AÑADIDO

¡La mayor señal de un avance espiritual y de que las fortalezas del infierno están siendo rotas en tu comunidad es que haya un espíritu de unidad en el Cuerpo de Cristo! Si tu comunidad no tiene un liderazgo apostólico lleno del Espíritu y controlado por el Espíritu Santo que esté uniendo el Cuerpo de Cristo para tomar tu comunidad... si no hay un espíritu de unidad y contrito entre el liderazgo espiritual en tu comunidad... esto significa que probablemente haya un espíritu de independencia, competencia, indiferencia y tal vez incluso antiguas heridas y animosidades con las que hay que tratar entre pastores e iglesias. Esta área geográfica tiene mayores fortalezas satánicas que la están sujetando, y tienes que reunir a intercesores inmediatamente para orar contra la división ¡y "creer a Dios" que todos esos muros serán derribados!

> ¡Cuán bueno y cuán agradable es que los hermanos convivan en armonía! Es *como el buen aceite que, desde la cabeza*, va descendiendo por la barba, por la barba de Aarón, hasta el borde de sus vestiduras. Es como el rocío de Hermón que va descendiendo sobre los montes de Sión. *Donde se da esta armonía, el Señor concede bendición y vida eterna.*
> —SALMO 133:1-3, ÉNFASIS AÑADIDO

> Jesús conocía sus pensamientos, y les dijo: «*Todo reino dividido contra sí mismo quedará asolado, y toda ciudad o familia dividida contra sí misma no se mantendrá en pie.*
> —MATEO 12:25, ÉNFASIS AÑADIDO

La oración sólo funciona si estás en armonía vertical con Dios y unidad horizontal con el hombre. El apóstol Pedro escribió: "De igual manera, ustedes esposos, sean comprensivos en su vida conyugal, tratando cada uno a su esposa con respeto, ya que como mujer es más delicada, y ambos son herederos del grato don de la vida. *Así nada estorbará las oraciones de ustedes*" (1 Pedro 3:7, énfasis añadido).

> Por eso les digo: Crean que ya han recibido todo lo que estén pidiendo en oración, y lo obtendrán. Y *cuando estén orando, si tienen algo contra alguien, perdónenlo*, para que también *su Padre que está en el cielo les perdone* a ustedes sus *pecados*.
> —MARCOS 11:24-25, ÉNFASIS AÑADIDO

Por lo tanto, si estás presentando tu ofrenda en el altar y allí recuerdas que tu hermano tiene algo contra ti, deja tu ofrenda allí delante del altar. Ve primero y reconcíliate con tu hermano; luego vuelve y presenta tu ofrenda.

—Mateo 5:23-24

¡El resultado de tener armonía vertical y horizontal en el Cuerpo de Cristo es que el poder de Dios es liberado para toda una región!

Todos, en un mismo espíritu, se dedicaban a la oración, junto con las mujeres y con los hermanos de Jesús y su madre María.

—Hechos 1:14

Todos fueron llenos del Espíritu Santo y comenzaron a hablar en diferentes lenguas, según el Espíritu les concedía expresarse.

—Hechos 2:4

Así, pues, los que recibieron su mensaje fueron bautizados, y aquel día se unieron a la iglesia unas tres mil personas. Se mantenían firmes en la enseñanza de los apóstoles, en la comunión, en el partimiento del pan y en la oración. Todos estaban asombrados por los muchos prodigios y señales que realizaban los apóstoles. Todos los creyentes estaban juntos y tenían todo en común.

—Hechos 2:41-44

Todos los creyentes eran de un solo sentir y pensar. Nadie consideraba suya ninguna de sus posesiones, sino que las compartían. Los apóstoles, a su vez, *con gran poder seguían dando testimonio de la resurrección del Señor Jesús. La gracia de Dios se derramaba abundantemente sobre todos ellos.*

—Hechos 4:32-33, énfasis añadido

¡El resultado de una fortaleza de orgullo y autosuficiencia derribada entre los creyentes es fenomenal! Donde hay un corazón limpio entre Dios y el hombre, ¡las ventanas del cielo están abiertas y el reino de Dios se manifiesta a través de señales y milagros! Hebreos 2:3-4 dice: "¿Cómo escaparemos nosotros si descuidamos una salvación tan grande? Esta salvación fue anunciada primeramente por el Señor, y los que la oyeron nos la confirmaron. A la vez, Dios ratificó su testimonio acerca de ella con señales, prodigios, diversos milagros y dones distribuidos por el Espíritu Santo según su voluntad".

En cambio, si expulso a los demonios por medio del Espíritu de Dios, eso significa que el reino de Dios ha llegado a ustedes.

—Mateo 12:28

Algunas veces no es que la gente no esté ejerciendo su fe o no esté leyendo su Biblia. ¡A veces la falta de poder en una iglesia se debe a la falta de unidad corporativa en una iglesia o incluso en una comunidad! (¡Fue debido a una división corporativa en la iglesia corintia que muchos creyentes individuales no podían ser sanados! Primera de Corintios 11:17-18, 21, 30 dice: "Al darles las siguientes instrucciones, no puedo elogiarlos, ya que sus reuniones traen más perjuicio que beneficio. En primer lugar, oigo decir que cuando se reúnen como iglesia hay divisiones entre ustedes, y hasta cierto punto lo creo… Porque cada uno se adelanta a comer su propia cena, de manera que unos se quedan con hambre mientras otros se emborrachan… Por eso hay entre ustedes muchos débiles y enfermos, e incluso varios han muerto").

En la medida que el pueblo de Dios se une en amor y une su fe en oración, el evangelio del reino de Dios abatirá a las huestes demoníacas y anunciará el evangelio con gran poder. Entonces podremos tomar control de los sistemas político, educacional, sociológico y natural de nuestra comunidad.

10. Llena todo por completo

Dios sometió todas las cosas al dominio de Cristo, y lo dio como cabeza de todo a la iglesia. Ésta, que es su cuerpo, es *la plenitud de aquel que lo llena todo por completo.*

—Efesios 1:22-23, énfasis añadido

El que descendió es el mismo que ascendió por encima de todos los cielos, para *llenarlo todo.*

—Efesios 4:10, énfasis añadido

Dios porque por medio de él fueron creadas *todas las cosas* en el cielo y en la tierra, visibles e invisibles, sean tronos, poderes, principados o autoridades: *todo ha sido creado por medio de él y para él.* Él es anterior a todas las cosas, que *por medio de él forman un todo coherente.* Él es la cabeza del cuerpo, que es la iglesia. Él es el principio, el primogénito de la resurrección, para *ser en todo el primero.* Porque a Dios le agradó *habitar en él con toda su plenitud* y, por medio de él, *reconciliar consigo todas las cosas,* tanto *las que están en la tierra* como las

que están en el cielo, haciendo la paz mediante la sangre que
derramó en la cruz.

—COLOSENSES 1:16-20, ÉNFASIS AÑADIDO

La voluntad de Dios es que los cristianos impregnen todos los
niveles de la sociedad. El movimiento monástico del siglo seis
causó a los santos se escaparan del mundo y persiguieran una
vida de santidad y de aislamiento. ¡Los resultados de esto fueron
desastrosos! Nos volvimos irrelevantes en gran parte de la sociedad y finalmente perdimos miles de iglesias urbanas al islam en
el norte de África. ¡El mismo patrón de escapar de las ciudades
todavía está sucediendo con un índice alarmante! Mientras el islam
está apuntando a las ciudades de Estados Unidos y es la religión
urbana que más rápido crece hoy en día, ¡más y más cristianos
están huyendo de las ciudades para perseguir una vida de confort
y tranquilidad! Mi observación a través de ver anuncios y de mis
viajes personales es que un alto porcentaje de megaiglesias esta-
dounidenses están fuera de lo que es la misma ciudad.[5] También
creo que la mayoría de los evangélicos y sus institutos bíblicos
también se encuentran en los suburbios.[6] A no ser que nos arre-
pintamos como cuerpo y comencemos a tener como objetivo
nuestras ciudades, América continuará decayendo. En 1900, el 8
por ciento de la población mundial vivía en las ciudades. En el
año 2000 la cifra es de casi el 50 por ciento.[7]

Dios nos llamó (a la Iglesia) una ciudad sobre el monte, la luz
y la sal de la tierra (Mateo 5:13-16). La sal se restregaba en los
alimentos antes de que se utilizara la refrigeración, y según iba
bajando al corazón de los alimentos, actuaba como conservante.
Dios ha llamado al Cuerpo de Cristo a ser levadura que se man-
tiene proliferando y multiplicándose hasta que hace su efecto en
todo el lote de masa.

> Les contó otra parábola más: «El reino de los cielos es como la
> levadura que una mujer tomó y mezcló en una gran cantidad
> de harina, hasta que fermentó toda la masa».
>
> —MATEO 13:33

Dios no nos llamó a abandonar la sociedad, sino a imbuirla con
el evangelio. Jesús nos enseñó aquí que su reino se extiende progresivamente y gradualmente ¡hasta que todo el mundo sea afectado y oiga el evangelio!

Siendo su sal y su luz, Dios nos está llamando a dejar de escondernos y a infiltrar cada nivel de la vida y de la sociedad. ¡Él está manteniendo nuestro lugar en el mundo hasta que estemos listos para intervenir y tomar lo que es nuestro para su gloria! Proverbios 13:22 dice: "las riquezas [todos los recursos] del pecador [malvado] se quedan [guardados en reserva] para los justos." Colosenses 1:16 dice: "todo ha sido creado por medio de él y *para él*" (énfasis añadido).

Los estadios de deporte no fueron construidos para aficionados medio borrachos que se vuelven locos por pequeñas pelotas que van por encima de grandes muros. Dios los está reservando para nuestras carreras de oración en toda la ciudad. Imagínate que los aviones no sólo son usados por cristianos para predicar el evangelio del reino en todo el mundo, sino a santos siendo dueños de compañías aéreas enteras. Tal vez habrá una compañía llamada 'Líneas Aéreas Buenas Nuevas' o 'Transportistas del reino'.

Toda la ciencia, toda la tecnología, todas las estrategias de gestión de la vida, todo el dinero, ¡todos los recursos del mundo le pertenecen a Dios a fin de ser usados para su gloria! ¿Por qué deberían Bill Gates y otros estar entre los hombres más ricos del mundo? ¡Hazte a un lado Bill! En el futuro Dios va a levantar apóstoles y profetas de la tecnología que usarán su talento y dinero para el reino. ¿Por qué deberían Donald Trump y Leonna Helmsey ser dueños de tantos bienes inmuebles? Dios está levantando a magnates de bienes inmuebles cristianos ¡que van a usar sus propiedades para propagar y predicar el evangelio del reino! (No estoy diciendo que cada cristiano debería ser millonario. Demasiado dinero no les haría nada bien a ciertos cristianos. Pero creo que Dios quiere prosperar a los santos hasta el punto máximo de sus habilidades espirituales y naturales de manera que podamos ejercer la mayor influencia posible en nuestro campo particular).

Si la mayor razón del porqué las mezquitas pueden ser construidas en todo el mundo es debido a que las ricas reservas de petróleo en los países musulmanes financias sus ministerios, ¿por qué la Iglesia no debería tener acceso a los recursos del mundo para que el evangelio pueda ser financiado? Alguno podrá decir: "Dios no necesita nuestro dinero". Puedes preguntar a cualquier pastor por el mayor obstáculo a su visión, y la mayoría te dirá que son ¡sus finanzas! Cualquier buen líder sabe que sin dinero tu visión nunca se hará manifiesta, ¡sino que seguirá siendo sólo una idea!

En la reforma del reino venidera una de las mayores señales del liderazgo apostólico será la habilidad de acceder y conectar con las personas adecuadas con el fin de conseguir enormes cantidades de recursos. Las personas apostólicas no seguirán confiando solamente en los diezmos para financiar el reino. Ya no se les conocerá por solamente colectar fondos para construir templos. Algunos líderes cristianos estarán involucrados en el intercambio de miles de millones de dólares que irán a manos de la Iglesia. A medida que el liderazgo apostólico vaya entrando en el evangelio del reino de Dios, ¡van a empezar a usar su unción apostólica para crear y liberar finanzas a una escala nunca antes vista!

Caminarán en Deuteronomio 8:18 y 28,13; e incluso guiarán la balanza de recursos financiera de corporaciones multinacionales y bancos impíos a las manos de gerentes generales y empresarios cristianos cualificados ¡a fin de invertir en el Cuerpo de Cristo para el desarrollo de la comunidad y diversas empresas del reino!

> Recuerda al Señor tu Dios, porque es él quien te da el poder para producir esa riqueza; así ha confirmado hoy el pacto que bajo juramento hizo con tus antepasados... El Señor te pondrá a la cabeza, nunca en la cola. Siempre estarás en la cima, nunca en el fondo, con tal de que prestes atención a los mandamientos del Señor tu Dios que hoy te mando, y los obedezcas con cuidado.
>
> —DEUTERONOMIO 8:18; 28,13

> Después, siguiendo las instrucciones que Moisés les había dado, pidieron a los egipcios que les dieran objetos de oro y de plata, y también ropa. El Señor hizo que los egipcios vieran con buenos ojos a los israelitas, así que les dieron todo lo que les pedían. De este modo los israelitas despojaron por completo a los egipcios.
>
> —ÉXODO 12:35-36

> El hombre de bien deja herencia a sus nietos; las riquezas del pecador se quedan para los justos.
>
> —PROVERBIOS 13:22

Los ministros de los cinco dones irán delante en el entrenamiento y seminarios económicos del reino, en el desarrollo de la comunidad y en la educación. Habrá cientos de revistas empresariales, negocios, bienes inmuebles y empresas financieras, todos basados en el reino. Creo que al otro lado del juicio de Dios, debido a la filosofía semifascista, semisocialista de control central en nuestro país, las escuelas públicas paganas dirigidas por el gobierno, y la redistribución forzada a través de impuestos progresivos, ¡la Iglesia pronto estará en una posición principal para satisfacer las necesidades de todas las personas! "Hoy día en Estados Unidos, ser un empleado significa que eres un socio al 50 por ciento con el gobierno. Esto quiere decir que el gobierno al final te quitará el 50 por ciento o más de los ingresos, y gran parte de esto antes de que el empleado vea la nómina".[8] Por el otro lado Dios sólo requiere el 10 por ciento. Según 1 Samuel 8:14-18, cualquier gobierno civil que extraiga más finanzas de la que Dios exige es opresivo. Pronto muchos líderes municipales y de comunidad mirarán hacia las iglesias, industria privada y sociedades filantrópicas para pagarles la fianza ¡porque se están dando cuenta que sus sistemas socialistas apestan a fracaso!

¿Está la Iglesia preparada para un ministerio de encarnación íntegro? ¿Estamos preparados para ir al siguiente nivel? Si no estamos dispuestos a ir al siguiente nivel y trabajar en red con el Cuerpo de Cristo para reconstruir nuestras ciudades socialmente... si no estamos dispuestos a ir más allá hablando y orando sobre tomar nuestras ciudades... ¡entonces en los próximos diez a veinte años la Iglesia se perderá su mayor oportunidad no sólo de mantener la cosecha, sino de movilizar una cosecha de almas que transformará naciones y ciudades enteras!

CAPÍTULO 14

LAS CONSECUENCIAS DEL REINO

Como estamos concluyendo este libro, voy a utilizar los dos últimos capítulos para resumir brevemente la mayoría de las ideas que han sido elaboradas. En este capítulo voy a repetir de nuevo algunas cosas a las que tal vez solamente he aludido.

1. Habrá un cambio de paradigmas

Paradigma significa la manera en la que ves algo. Obviamente creo que la manera de la que el liderazgo ve el reino de Dios va a cambiar drásticamente. El mayor cambio será, por supuesto, esa transición de un acercamiento espiritual meramente platónico a un acercamiento íntegro que se extienda a todo el mundo natural. La dicotomía entre lo "sagrado" y lo "secular" se acabará en la medida que la Iglesia se dé cuenta que "la Tierra es del Señor y todo cuanto hay en ella".

2. Habrá un cambio de liderazgo

En la reforma del reino venidera aquellos líderes que no quieran hacer el cambio de paradigmas en sus pensamientos y en su acercamiento al ministerio ¡lucharán con dificultades o fracasarán! El cambio venidero tendrá lugar en los próximos diez a veinte años. El cambio vendrá debido a la filosofía del reino y a la clase de odre que Dios está construyendo. ¡Muchos apóstoles verdaderos se convertirán en ancianos en las puertas de sus naciones y ciudades, y pastores se convertirán en los capellanes y líderes espirituales de sus comunidades!

3. El Cuerpo de Cristo abrazará una visión íntegra

En los próximos diez a veinte años será común para las iglesias del reino incluir en su carpeta ministerios íntegros como por ejemplo entrenamiento de trabajo, bibliotecas, centros de entrenamiento ministerial, entrenamiento teológico basado en la iglesia, centros de aprendizaje, programas tutoriales, consejería familiar, servicios de guarderías, residencias maternas, ministerio de los sin techo, asistencia sanitaria, cooperativas de ahorros y créditos y estrategias de capacitación económica.

Las iglesias no solamente enseñarán a las personas a dar (algo en lo que ahora somos muy buenos), ¡sino también a conseguir, a comprar, a gestionar y a invertir!

4. Traslado

A medida que la iglesia evangélica intente resolver y supere el pecado del racismo y desee convertirse en esa ciudad en el monte, muchos santos intentarán corregir los pecados de los padres trasladando a sus familias de nuevo a los barrios urbanos. Cuando los santos comiencen a darse cuenta por qué dejaron las áreas urbanas (desde los 1920 el término fue conocido como "la fuga blanca"), muchos santos sentirán el llamado del Señor de trabajar en las peores barriadas de las ciudades y de servir a iglesias punta que están haciendo guerra espiritual y marcando la diferencia en sus comunidades. Tenemos que ir más allá que "Marcha para Jesús". Algunos serán guiados a "mudarse para Jesús".

5. Asociaciones

La mayoría de los santos no se trasladarán a áreas urbanas, pero cada vez más iglesias evangélicas en los suburbios y en el campo comenzarán a asociarse con iglesias urbanas. ¡Cuando este cambio de paradigma de reino ocurra, los pastores no serán capaces de descansar hasta que comiencen a extenderse más allá de sus iglesias locales! Iglesias urbanas exteriores comenzarán a asociarse—no de manera paternalista (lo cual realmente ofende)—con iglesias urbanas como iguales. Las iglesias fuera de la ciudad pueden tener más recursos económicos, pero comenzarán a darse cuenta que necesitan la iglesia de la ciudad para enseñarles como llevar a cabo un ministerio íntegro efectivo y una guerra espiritual intensa.

6. Un cambio en el paisaje de liderazgo de la sociedad

En la reforma del reino veremos a más y más cristianos afectando todos los niveles de la sociedad. Acostúmbrate a ver más y más verdaderos cristianos en la política, cristianos yendo por delante en las finanzas, la educación, la ciencia y las artes. ¡Verás cada vez a más cristianos de mercado diciendo lo que piensan y glorificando a Dios! Habrá más organizaciones mediáticas con bases cristianas como CBN y periódicos que irán más allá que la esfera eclesiástica. (¡Apártate, *Christian Science Monitor!*)

Como hablamos anteriormente, habrá apóstoles y profetas de gobierno, negocios, ciencia, tecnología y de las artes, todos ellos haciendo noticias titulares. En vez de estar relegados a las secciones religiosas de los periódicos, dominaremos las primeras páginas/portadas.

Muchos santos del reino encabezarán incluso ciudades y naciones como Calvino y Abraham Kuyper (igual que hoy estamos viendo suceder en países como Nigeria y Guatemala). Mientras más y más cristianos con visiones bíblicas del mundo se conviertan en profesores de institutos y profesores de universidades, la Iglesia comenzará a atraer a muchos de los más importantes intelectuales del mundo. Cuando el debate creacionismo/evolucionismo se torne más candente el creacionismo será enseñado de nuevo en el campo de batalla público y en las escuelas. Mientras los cristianos inundan la profesión médica, ¡los abortos comenzarán a disiparse hasta que sean ilegales de nuevo! Mientras cada vez más cristianos ingresen en los programas de noticias seculares, la tendencia de los medios anticristianos comenzará a cambiar en favor de la Iglesia. Mientras las estrategias apostólicas del reino estén influenciando a comunidades enteras, ¡cada vez más medios se enfocarán en la Iglesia de cara a las respuestas que nosotros damos!

Muchas de las nuevas olas del liderazgo del reino vendrán de gente joven que vive en barrios pobres. Algunos de nuestros mayores intelectos y líderes cívicos se originarán en las peores áreas que anteriormente habían estado bajo la maldición de la pobreza. Esta gente joven étnica se levantará y detendrá "la desolación de muchas generaciones" y demostrará que el evangelio del reino no está limitado por el determinismo medioambiental o psicológico, sino que trasciende todas las presuposiciones injustas de la sociedad sobre la supuesta "gente de minoría".

Como puedes ver, mi punto de vista del futuro es glorioso porque como dice Isaías 9:7: "Se extenderán su soberanía y su paz, y no tendrán fin".

¡La influencia del gobierno de Dios en la Tierra sólo va a incrementarse progresivamente, y no disminuirá!

¡Aleluya!

CAPÍTULO 15

CONCEPTOS ERRÓNEOS COMUNES ACLARADOS

En el cierre de este libro, quiero usar este último capítulo para brevemente enumerar algunas de las aclaraciones que hemos hecho sobre el evangelio del reino.

1. Jesús no es sólo Señor de la Iglesia; Él es Señor de todo el mundo.

Y de parte de Jesucristo, el testigo fiel, el primogénito de la resurrección, el soberano de los reyes de la tierra. Al que nos ama y que por su sangre nos ha librado de nuestros pecados.
—Apocalipsis 1:5

En su manto y sobre el muslo lleva escrito este nombre: REY DE REYES Y SEÑOR DE SEÑORES.
—Apocalipsis 19:16

Todos los líderes actuales de la Tierra están llamados por Dios a someterse a Él ahora, ¡en esta vida! (Esto debería motivar a los cristianos a llevar a cabo un cambio positivo en el campo político y social).

2. El ministerio de los cinco dones no solamente es para ser usado en la iglesia, sino para infiltrar a todo el orden creado por Dios.

El que descendió es el mismo que ascendió por encima de todos los cielos, *para llenarlo todo*. Él mismo constituyó a unos, apóstoles; a otros, profetas; a otros, evangelistas; y a otros, pastores y maestros.
—Efesios 4,10-11, ÉNFASIS AÑADIDO

3. Haber nacido de nuevo es *ver* el reino (ver el gobierno de Dios sobre toda la creación en esta vida), no solamente es ir al cielo. Juan 3:3 dice: "De veras te aseguro que quien no nazca de nuevo no puede *ver* el reino de Dios—dijo Jesús" (énfasis añadido).

4. La Iglesia no es el reino de Dios, sino que está dentro del reino. El reino incluye a toda la creación, no solamente a la Iglesia.

5. Las cosas no están predestinadas a ir a peor para la Iglesia. Mateo 16:18 dice: Yo te digo que tú eres Pedro, y sobre esta piedra edificaré mi iglesia, y las puertas del reino de la muerte no prevalecerán contra ella." (Según este verso y Apocalipsis 2:5 el diablo no puede cerrar iglesias. Si una iglesia cierra, ¡es porque Dios la ha cerrado!)

6. Dios no sólo está interesado en las cosas espirituales. Primera de Tesalonicenses 5:23 dice: "Que Dios mismo, el Dios de paz, los santifique por completo, y conserve todo su ser—espíritu, alma y cuerpo—irreprochable para la venida de nuestro Señor Jesucristo". Este verso nos muestra claramente que Dios está preocupado por la esfera espiritual, mental y física, no solamente por la esfera espiritual.

7. El propósito del avivamiento no es solamente salvar las almas, sino también una reforma social para reflejar el cielo en la Tierra. Mateo 6:10 dice: "Venga tu reino, hágase tu voluntad en la tierra como en el cielo".

8. El Antiguo Testamento es importante y debería ser estudiado seriamente por los cristianos. El Antiguo Testamento está lleno con cientos de leyes y principios que se tratan del gobierno civil, finanzas, gestión de liderazgo, educación, familia y sociología. Puede ser usado como guía para estructurar comunidades, ciudades y naciones. Cuando predicaban los primeros apóstoles, sólo tenían el Antiguo Testamento como Escritura. Segunda de Timoteo 3:16 dice: "Toda la Escritura es inspirada por Dios y útil para enseñar, para reprender, para corregir y para instruir en la justicia". Cuando este verso fue escrito, el Nuevo Testamento completo no estaba disponible; por lo tanto este verso se estaba refiriendo principalmente al Antiguo Testamento. (¡Esto debería disipar la creencia desacertada

de algunos pastores de que el Antiguo Testamento sólo es provechoso para la ilustración de sermones!)

¡No puedes entender el Nuevo Testamento sin el Antiguo Testamento, y no puedes entender el Antiguo Testamento (la sombra y el tipo) sin la iluminación del Nuevo Testamento!

9. El participar en la política no está en contra de las Escrituras. (La palabra griega para iglesia, *ekklesia*, implica tener fuerte liderazgo y participación civil).

10. El evangelio no es solamente para los pobres, sino también para los ricos, los influyentes y los líderes del mundo. (Un capítulo previo muestra como el apóstol Pablo se relacionó con y alcanzó a las personas más influyentes de una región).

11. La redención no sólo afecta a las almas de los hombres, sino a todo el orden creado. Colosenses 1:20 dice: "Y, por medio de él, reconciliar consigo todas las cosas, tanto las que están en la tierra como las que están en el cielo, haciendo la paz mediante la sangre que derramó en la cruz".

12. Hay esperanza para los barrios urbanos. Isaías 61:1-4 dice: "El Espíritu del Señor omnipotente está sobre mí, por cuanto me ha ungido para anunciar buenas nuevas a los pobres. Me ha enviado a sanar los corazones heridos, a proclamar liberación a los cautivos y libertad a los prisioneros... Reconstruirán las ruinas antiguas, y restaurarán los escombros de antaño; repararán las ciudades en ruinas, y los escombros de muchas generaciones".

Como puedes ver aquí, el propósito de la unción de Dios sobre la Iglesia no es solamente que los individuos puedan ser restaurados, sino también ciudades enteras puedan ser afectadas mediante el evangelio del reino. Esta reforma del reino venidera también incluirá a los centros urbanos y tendrá resultados dramáticos. Jeremías 29:7 nos dice que busquemos el bienestar de la ciudad. ¡Vamos a obedecer este mandamiento!

EPÍLOGO

Han pasado varios años desde que escribí este libro. Antes de escribir el libro, había previsto proféticamente una tendencia mayor que vendría al Cuerpo de Cristo en general, que ha comenzado ahora y que se está acelerando. Después de acabar el libro en 1998, experimenté cierta frustración al no ser capaz de interesar a una editorial cristiana de prestigio para publicarlo. Sentí que el libro podía ser un mayor colaborador en términos de comprender el reino de Dios y el adyacente movimiento apostólico que se estaba manifestando en la Tierra. (Por decir lo menos, estaba muy contento cuando Charisma Media me contactó y estaba de acuerdo en publicar esta obra).

Las verdades que comparto en este libro son incluso más relevantes en este momento de la historia de nuestra nación de lo que jamás había soñado, porque en el clima tras los acontecimientos ocurridos el 11 de septiembre de 2001, el mundo depende más y más de la Iglesia, incluso cuando oficiales electos están admitiendo sus limitaciones, animando a iniciativas "basadas en la fe" ('faith-based'), y dedicando fondos federales y del Estado para ayudar a subvencionar ministerios y programas cristianos íntegros.

Con la grave crisis fiscal que está sacudiendo a la nación y a centros urbanos como la ciudad de Nueva York, muchos santos se están dejando llevar por el pánico, quejándose o planteándose de huir de las zonas urbanas, ¡pero creo que aquellos que ven las necesidades de la gente tienen la previsión de saber que esta puede ser la mejor hora para la Iglesia!

Ahora, más que nunca, los ojos del mundo están puestos en nosotros; parece que nos están diciendo: "¡levántate o cállate!".

"Vamos, ¡vamos a ver lo que tienes!"

"Has estado diciéndonos durante años que Jesucristo tiene las respuestas para todas las cosas de la vida; muéstranos ahora si Él nos puede ayudar en nuestra hora de necesidad".

Verdaderamente, la moral del mundo, la quiebra espiritual y económica es nuestra oportunidad para demostrar a las ciudades y a la gente de esta nación que no sólo tenemos la respuesta para la próxima vida, ¡sino también para esta vida!

En vez de ostentar nuestra "espiritualidad" y "nuestra

bendita pasividad estando místicamente contentos", deberíamos combinar el trabajo que hacemos de rodillas (la oración) con un servicio capaz a nuestro prójimo, utilizando los dones y talentos intelectuales, físicos y espirituales con los que nosotros, la Iglesia hemos sido dotados.

Como las condiciones culturales y sociales de las naciones se están deteriorando rápidamente, ¡la Iglesia tiene que aprovechar la oportunidad que nos ha sido proporcionada lo antes posible!

Queda por ver si el Cuerpo de Cristo está dispuesto a dejar a un lado el viejo paradigma "tener la mente puesta tanto en el cielo significa no ser un bien terrenal", y obedecer "el mandato cultural" claro que hemos recibido una y otra vez en ambos el Antiguo y el Nuevo Testamento (ver Génesis 1:28 y Mateo 28:19).

A veces me parece como si solamente un pequeño remanente hubiera comenzado a comprender el "evangelio del reino", y que la mayoría de la Iglesia todavía está preocupada por el rapto en vez de obedecer al mandato de Dios: "¡Negociad...hasta que yo venga!" (Lucas 19:13).

A pesar de todo esto tengo esperanza, porque a través de la historia la Iglesia ha experimentado más tiempos de desafío que los actuales y ¡ha salido victoriosa!

Yo no descanso en la habilidad de los santos en la Iglesia, sino en la habilidad del Dios de la Iglesia que es Soberano y "vence...en medio de sus enemigos" (Salmo 110:2).

Que Dios sople aliento a este débil intento mío de transmitir verdades bíblicas, y que lo use a fin de continuar la revolución apostólica actual en la Iglesia, para que la sociedad en general sea "reformada" y refleje más estrechamente los caminos de Dios, y para que así venga [su] reino, y se haga [su] voluntad en la tierra como en el cielo." (Mateo 6:10).

—Joseph Mattera

NOTAS

Introducción
El evangelio del reino

1. Se puede encontrar más información en la Oficina de Justicia y Estadística de Crímenes (*Bureau of Justice Statistics Crime*), y en el sitio de Justicia Datos Online (*Justice Data Online*): www.ojp.usdoj.gov/bjs/.

Capítulo 1
El nacimiento del Movimiento de Oración

1. John Dawson, *Taking Our Cities for God*, edición revisada (Lake Mary, Florida, Charisma House, 1989, 2001).
2. Stephen R. Covey, *The 7 Habits of Highly Effective People* (Nueva York: Simon y Schuster, 1990).

Capítulo 6
La verdadera razón por la cual crucificaron a Jesús

1. Francis A. Schaeffer, *How Should We Then Live?* (n.p.: Good News Publishers, 1983).

Capítulo 10
El próximo paso: la encarnación

1. Peter Marshall y David Manuel, *The Light and the Glory* (Old Tappan, NJ: Revell, 1980), 251-252.

Capítulo 11
¿Estás viviendo en un gueto?

1. St. Augustine, *The City of God* (n.p.: Modern Library, 1994).
2. George Grant, *The Patriot's Handbook* (n.p.: Cumberland House, 1996), 93, 222.
3. Ray Bakke, *A Theology As Big As the City* (Downers Grove, IL: Intervarsity Press, 1997) 197-198.
4. Max Weber, *The Protestant Ethic and the Spirit of Capitalism*, segunda edición (n.p.: Routledge, 2001).
5. Donald Dayton, *Discovering an Evangelical Heritage* (Peabody, MA: Hendrickson Publishers, Inc., 1998).

Capítulo 12
La reforma apostólica venidera

1. Mark Galli, "Tertullian: Pugnacious defender of faith," *Christian Reader* 39, No.1 (Enero/Febrero 2001): 15. Obtenido de la internet en www.christianitytoday.com/cr/2001/001/12.15.html.
2. Ray Bakke, *A Theology As Big As the City*, 193.

CAPÍTULO 13
DIEZ COSAS SOBRE EL EVANGELIO DEL REINO

1. Francis A. Schaeffer, *A Christian Manifesto* (n.p.: Good News Publisher, 1982), capítulo 1.

2. B. K. Kuiper, *The Church in History* (Grand Rapids, MI: Eerdmans, 1951), 174.

3. Ray Bakke, *A Biblical Word for an Urban World* (n.p.: Board of International Ministries of the American Baptist Churches, 2000), 1.

4. Henry Bettenson y Chris Maunder, eds., *Documents of the Christian Church* (Nueva York: Oxford University Press, 1999), 164-181.

5. Bakke, *A Theology As Big As the City*, 12.

6. Ibídem.

7. Ibídem.

8. Robert T. Kiyosaki y Sharon L. Lechter, *Cashflow Quadrant: Rich Dad's Guide to Financial Freedom* (Nueva York: Warner Books, Inc., 2000), 55.

Lista de lectura recomendada

Bahnsen, Greg L. *Always Ready*. Texarkana, AR: Covenant Media Foundation, 1996. (Call 800-628-9460 to order.)

Bahnsen, Greg L. *Van Til's Apologetics*. Phillipsburg, NJ: Presbyterian and Reformed Publishing, 1998.

Barker, Joel Arthur. *Paradigms: The Business of Discovering the Future*. New York: Harper Business, 1993.

Belmonte, Kevin. *Hero for Humanity: A Biography of William Wilberforce*. Colorado Springs, CO: NavPress, 2002.

Breese, Dave. *Seven Men Who Rule the World From the Grave*. Chicago: Moody Press, 1990.

Chilton, David. *Productive Christians in an Age of Guilt Manipulators*. Tyler, TX: Institute for Christian Economics, 1985. (Call 800-628-9460 to order.)

Colson, Charles. *Developing a Christian Worldview of Science and Evolution*. Wheaton, IL: Tyndale, 2001. (Call 800-482-7836 to order.)

Colson, Charles and Pearcey, Nancy. *How Now Shall We Live?* Wheaton, IL: Tyndale, 1999.

Demar, Gary. *God and Government*. Powder Springs, GA: American Vision, 1990.

Dockery, David S. and Thornbury, Gregory Alan. *Shaping a Christian Worldview*. Nashville, TN: Broadman and Holman, 2002.

Johnson, Philip E. *Darwin on Trial*. Downers Grove, IL: InterVarsity Press, 1993.

Johnson, Phillip E. *The Case Against Naturalism in Science, Law, and Education*. Downers Grove, IL: InterVarsity Press, 1995.

Heslam, Peter S. *Creating a Christian Worldview*. Grand Rapids, MI: Eerdmans, 1998.

Juster, Daniel. *The Biblical Worldview*. San Francisco, CA: International Scholars, 1995.

Kuhn, Thomas. *The Structure of Scientific Revolutions*. Chicago, IL: University of Chicago Press, 1996.

Lewis, C. S. *Mere Christianity*. San Francisco, CA: Harper SanFrancisco, 2001.

Marsden, George. *The Soul of the American University: From Protestant Establishment to Established Nonbelief.* New York: Oxford University Press, 1994.

Naugle, David K. *Worldview: The History of a Concept.* Grand Rapids, MI: Eerdmans, 2002.

Noebel, David A. *Understanding the Times: The Religious Worldviews of Our Day and the Search for Truth.* Eugene, OR: Harvest House Publishers, 1991.

Peacocke, Dennis. *Doing Business God's Way.* Santa Rosa, CA: Rebuild Publishers, 1995. (Call 707-578-7700 to order.)

Peacocke, Dennis. *Winning the Battle for the Minds of Men.* Santa Rosa, CA: Strategic Christian Services, 1987. (Call 707-578-7700 to order.)

Rushdooney, Rousas. *The Philosophy of the Christian Curriculum.* Vallecito, CA: Ross House Books, 1985.

Schaeffer, Francis A. *A Christian Manifesto.* Westchester, IL: Crossway Books, 1981.

Schaeffer, Francis A. *The Great Evangelical Disaster.* Westchester, IL: Crossway Books, 1984.

Sowell, Thomas. *Basic Economics.* New York: Basic Books, 2000.

PARA CONTACTAR AL AUTOR

Escriba a: Pastor Joseph Mattera

              Resurrection Church

              740 40th Street

              Brooklyn, NY 11232

Email: jmattera@resurrectionchurchofny.com

Teléfono: (718) 436-0242 ext. 15

Visite nuestra página web en www.josephmattera.org